华章经典·金融投资

期货狙击手
交易赢家的21周操盘手记

DIARY OF A PROFESSIONAL
COMMODITY TRADER

Lessons from 21 Weeks of Real Trading

[美] 彼得·L.勃兰特 著 陈军伟 闫广道 李汉军 译
PETER L.BRANDT

图书在版编目（CIP）数据

期货狙击手：交易赢家的 21 周操盘手记 /（美）彼得·L. 勃兰特（Peter L. Brandt）著；陈军伟，闫广道，李汉军译 . —北京：机械工业出版社，2018.10（2024.6 重印）
（华章经典·金融投资）

书名原文：Diary of a Professional Commodity Trader: Lessons from 21 Weeks of Real Trading

ISBN 978-7-111-61156-1

I. 期… II. ①彼… ②陈… ③闫… ④李… III. 期货交易 - 基本知识 IV. F713.35

中国版本图书馆 CIP 数据核字（2018）第 231387 号

北京市版权局著作权合同登记　图字：01-2018-1364 号。

Peter L. Brandt. Diary of a Professional Commodity Trader: Lessons from 21 Weeks of Real Trading.
ISBN 978-0-470-52145-8
Copyright © 2011 by Peter L. Brandt.

This translation published under license. Authorized translation from the English language edition, Published by John Wiley & Sons. Simplified Chinese translation copyright © 2020 by China Machine Press.

No part of this book may be reproduced or transmitted in any form or by any means, electronic or mechanical, including photocopying, recording or any information storage and retrieval system, without permission, in writing, from the publisher. Copies of this book sold without a Wiley sticker on the cover are unauthorized and illegal.

All rights reserved.

本书中文简体字版由 John Wiley & Sons 公司授权机械工业出版社在全球独家出版发行。
未经出版者书面许可，不得以任何方式抄袭、复制或节录本书中的任何部分。
本书封底贴有 John Wiley & Sons 公司防伪标签，无标签者不得销售。

期货狙击手：交易赢家的 21 周操盘手记

出版发行：机械工业出版社（北京市西城区百万庄大街 22 号　邮政编码：100037）	
责任编辑：孟宪勐	责任校对：殷　虹
印　刷：北京虎彩文化传播有限公司	版　次：2024 年 6 月第 1 版第 7 次印刷
开　本：170mm×230mm　1/16	印　张：19.5
书　号：ISBN 978-7-111-61156-1	定　价：80.00 元

客服电话：(010) 88361066　68326294

版权所有·侵权必究
封底无防伪标均为盗版

谨以此书献给我的妻子莫娜以及我们的孩子,他们在过去30多年的日子里容忍了一位商品交易者的人生起伏。

再献给Factor LLC大家庭中的亲密伙伴,以及几十位商品交易伙伴,从1980年以来,在形成我的交易计划方法和技能的过程中,他们是我同一战壕中的战友。

| 推荐序一 |

低胜率的成功交易者是如何炼成的

这是一本有着近30年期货操作经验的老交易员写的书。作者并不是一位叱咤风云、声名显赫的国际市场金融大鳄，也不是管理着几十亿美元，视野开阔、策略复杂、长袖善舞的对冲基金经理。从书中记录的真实操作过程和案例反思看，作者的操作方式同国内期货市场中无数个体投机者的思路颇有相似之处，所以读起来比较亲切，很多地方让人感同身受。

作者进入商品交易市场的动机和我们大多数人一样："能让我体面地生活，能为自己工作，而且能在这个充满刺激的领域里挑战自我。"最终作者意识到，成功的市场投机者必须付出的代价是"头发变白、失眠、揪心"。

我不知道作者会不会懊悔这样的人生选择。就我个人而言，人生并没有标准的活法，生命的目的和意义是自我创造的。作为一名交易员，在杠杆游戏带来的大起大落中一次次体验徘徊在天堂和地狱之间的极端，独自感受交易生涯中理智和情感的巨大张力，从中体会生命的精彩，洞悉命运的无常，发掘生命的潜力，感悟人生的智慧，不管最终能否修成正果，总不算浪费自己的一生。

本书作者低调而睿智，知之为知之，不知为不知，比较系统地介绍了自己的投资方法和操作心得，内容平实而贴近交易实战，我认为下面几点值得我们认真思考和学习。

1. 平和的心态，低调的目标

这是一名比较保守的交易员：年盈利目标定得很低，20% 多就满足了；不希望资金权益有大的波动；实盘交易时段的杠杆使用率是他年轻时候的 1/3。他自己也意识到年盈利 20% 这个目标和道琼斯股票某些时段的巨大波动相比是很低的，但他认可这样一种收益。这种心态和目标，或许和他的年龄，或许和他对期货交易成功不易的认知，或许和他在投机市场的故事或者事故有关吧。

南怀瑾先生说过，人有三个基本错误是不能犯的，一是德薄而位尊，二是智小而谋大，三是力小而任重。然而，自负是人类的天性。在期货交易中，不能理性和客观地自我定位，缺乏切实可行的战略目标，必然导致人性欲望不切实际地膨胀，进而陷入非理性操作的泥潭。

2. 相对纯粹的理论和方法

从书中实盘操作的案例看，作者是一个日线波段交易者，大部分持仓时间在一两天到一两个月之间。其操作思想很传统、单一，依据主要来自《股市趋势技术分析》中的形态突破理论，包括头肩顶、头肩底、矩形、三角形、通道突破，等等。

由于着眼于捕捉日线成功突破以后的波段利润，作者对短期市场走势的随机性和不确定性有深切的体会，他认为三类人不适合做商品期货交易：①日内交易者；②盯盘不止者；③情绪化严重者。作者对自己的交易方法还是挺"自恋"的，也正是这种对唯一和纯粹的长期坚持，让他在市场中的表现与众不同。

利用突破理论选择交易品种和交易时机的方法非常古老，1922 年出版的《股票作手回忆录》对此就已经有了非常系统的介绍。让我感到惊讶和敬佩的是作者几十年如一日，对此模式用情专一，非但没有三心二意，而且在突破模式的纵深化研究方面颇有建树和心得。相比较而言，我们大多数人往往心浮气躁，在基本面分析、技术分析、程序化交易之间变来变去，朝三暮四，最终陷入六神无主的境地。在投机交易这个迷宫中，没有十年磨一剑的愿力，往往什么也得不到。

我并不认为突破理论是最好的或者是唯一的成功模式，相反，因为知道突破交易的人太多，这种模式的胜率其实非常低。但我觉得，作者在期货交易中的这种纯粹精神是值得我们所有人学习的。

3. 与时俱进，善于总结和自我改进

作者有丰富的突破交易经验，对突破的复杂性、规律性有深入研究和总结，包括过早的突破、假的突破、收盘突破、形态规整的突破和形态不规整的突破、时间长的突破和时间短的突破、完美的突破和不完美的突破，等等，并针对突破行情提出了一些个性化的解决办法：对于错失的交易机会不要追市；一旦在某个市场获利了结，几天之内避免在该市场进行交易等。

作者认为，在市场突破交易中，行情一旦穿越形态边界，在穿越之前与穿越之后的价格行为截然不同，这一点我非常同意。无独有偶，在我的交易体系中，突破前属于结构内行情，充满随机性、不确定性和偶然性；突破后属于结构外行情，具有相对的规律性、确定性和必然性。

随着时间的推移，我越来越认同作者的这一说法："所有能持续盈利的商品市场交易方法都以一些共同的特性为基础。"

4. 随机应变的能力

在实际操作中，随着行情突破以后的走势演化，作者的观点和仓位会在动态的过程中重新调整，具有很强的灵活性和随机应变的能力。书中有一笔白糖交易，作者起初主观非常看好多头的突破操作，结果事与愿违，向上突破是假的，随后在向下的突破行情中，他通过做空获得了暴利。

在期货交易中，一个交易员一旦形成了某种对市场的看法，往往容易被锚定在自己的思维中，缺乏自我否定的魄力和勇气。市场是投机者最好的向导。李嘉诚先生有一句名言——"建立自我，追求无我"。所谓"建立自我"，我的理解就是投机者要构建属于自己的理论体系和交易模型，以此作为市场分析和操作的基本框架。所谓"追求无我"，指的是投机者要顺应市场实际走势，像随风之杨柳，"毋意，毋必，毋固，毋我"。作者在这方面做得很好，值得学习。

5. 良好的风险控制意识

世界上没有完美的交易方法，日线突破波段交易也不例外。在书中记录的实盘操作过程中，有大量的交易被止损，总体操作胜少败多，但这并不妨碍作者取得良好的交易业绩，也没有阻止他成为成功的投机者。只要坚持这样的操作思路，总有一些交易会让投机者如愿以偿，其获得的巨额利润足以覆盖一系列的小亏损。

作者认为，成功的市场投机的基础是风险管理，就像打德州扑克一样，如何打好手中的牌，比拿到什么牌更重要。

总之，这是一本对国内期货市场投机者很有启发的好书，没有过多宏观、定性、抽象的交易理论描述，实战性、可操作性强。就我个人的观点而言，下面三点似乎有可商榷改进之处。

（1）本书对顺势而为的理念强调不足。我以为，突破理论和市场大势相配合，威力更大。"虽有智慧，不如乘势"，眼中只有突破形态而忽略趋势的力量，交易做起来往往比较苦。

（2）交易标准不够严格和纯粹。在实盘交易中，作者的两类操作我不太认同：一是市场形态酝酿时间不足的突破。由于没有强劲的趋势配合，这类突破稳定性差，应该放弃不操作。二是完全和突破无关的主观操作。这一点其实作者自己也意识到了："对于交易能否获利，我的主观判断相当不准确！"

（3）过于追求完美容易陷入纠结。作者在实盘操作中，有不少交易因为跑得慢了，没有迅速获利了结，导致盈利能力降低。所以，他提出："除非是根据主要突破信号开仓，否则都尽量在几天内就平仓。"（这样能大大提升交易获利。）

人确实是一种很贪心的动物，很容易鱼和熊掌都想要，但这往往会让你陷入进出"围城"的迷乱和折腾。不完美和交易者永远如影随形，包容是投机成功不可或缺的智慧。

青泽
2019 年 12 月 26 日于北京

| 推荐序二 |

交易者的三个极致

2018年10月，中国A股市场屡创新低，美股市场也出现多年来罕见的暴跌，全球市场处在不安和动荡之中。

对于大多数不接触期货交易的人来说，在这样的年份，安全感急剧下降，未来的不确定性会给生活、工作和方方面面增加莫名的焦虑。但是敏锐的职业期货交易员恰恰会在这个时候集中精神，感受市场每一个细微的跳动，犹如一个个隐藏在暗处的狙击手，随时准备扣动扳机。

在刚开始翻阅这本书时，我认为作者彼得·L.勃兰特只是一位运用图表交易的主观交易者。从交易依据来说，是最普通不过的形态突破；从交易方式来说，是最普通不过的人工交易；从交易胜率来说，也只是平平无奇的30%左右……就是这样简单普通的方式，却能让作者在30年的交易生涯中创造出远超市场回报的业绩，为什么呢？

带着这个问题通读全书后，我不禁肃然起敬。

追求"交易秘籍""一招鲜吃遍天"的读者在这里寻不到答案。这本书并非一本"投资大师秘籍"，更似一本"普通交易者访谈"，记录了一个交易者细腻的逻辑结构，展现了专业交易思维的原始决策依据。冷酷的市场下真实的交易与反思，是这本书的精华所在。

任何一次交易的成功，可以妙手偶得，但是几十年的稳定盈利，绝非运气使然。

作者有三个特点，在交易市场上，几乎做到了极致。

第一，客观的极致。

交易市场大起大落，必然导致人性弱点全面暴露。有多少交易者曾如此自我审视过：自己的优点是什么，缺点是什么？每年成功的交易有哪些，失败的有哪些？哪些是自己能解决的问题，哪些又是自己不能解决的？

作者在书中将上述问题贯穿始终。他朴实地分享着自己投资生涯的心路历程，巨细无遗地剖析了自己每一笔交易的思维、决策和结果；对自己的缺点、局限直言不讳，甚至多处提到面对一些情况他也没有很好的方法。

成功的投资者不止一位，我觉得大体可以分为"天赋型"和"努力型"。天赋型交易者，万里挑一，或成就于悟性，或成就于时机，他们的交易理念和方法难以为常人所复制。本书作者有着几十年稳定盈利的经历，却并未自诩为一个成功交易者，而是谦逊地将自己称为普通投资者。他在书中诠释了漫漫交易道路中面对挫折、体悟总结、逐步提高和累积盈利的真谛，为所有普通投资者指明了学习和追寻的道路。

在第三篇中，作者毫不避讳自己的亏损交易，甚至大篇幅剖析自己亏损的原因，明确指出自己犯的错。这在秘籍林立的金融书籍里是相当罕见的。

第二，细节的极致。

在了解作者背景之前，仅看书，你会很奇怪，一个人怎么能把交易计划做得如此精细——对图表的分析、进出场点的设计、风险控制体系、资金管理计划……无一不井井有条、清晰可辨。有了详尽的计划，执行才有据可依，复盘时才有逻辑可推导分析。这个道理许多投资者都懂，却不知如何下手、如何坚持。这本书提供了一套很好的参照体系。

之后你会发现，原来作者是一位飞机驾驶员。驾驶飞机的经历造就了他对细节极致追求的习惯和认真谨慎的工作态度。而这个习惯和态度被延伸、复制到了他的交易中。

我们常说交易市场会放大人的贪婪和恐惧。但是如果你把市场的各种走势变化都纳入计划进行考量，并算好风险和预期收益的比例，提前准备好相应的应对措施，那么交易就未必是那么危险刺激的游戏。

第三，坚持的极致。

作者长期坚持做交易日志，长期跟踪并评估自己的绩效，并且用自己的绩效评估结果，修正自己的交易计划。这样循环往复形成了螺旋式的闭环结构，使他的交易能力与资金曲线不断提高。这些看似跟交易没有直接关系的工作，大大提升了他对市场的认知能力，进一步提升了他对市场的适应能力，而对市场的认知能力与适应能力，正是一个交易者最核心的能力。

很多朋友说，他做交易做了10年、20年了，为什么还不能盈利。我的回答是，如果你的交易做完就忘了、扔了，那么你在市场里始终是一个新手。过去的成功不能给你经验，过去的失败不能给你教训，你便永远无法成长。一个无法成长的新手，10年、20年的时间和经历又怎么能有意义呢？

能长此以往坚持做到此三点，焉能不成功？

方志

广东海象私募基金总经理

2019年11月29日于深圳

致 谢

我欠好朋友——科罗拉多斯普林斯 Petra Financial 公司 CEO 戴夫·福布斯一个大人情。为了写这本书，他允许我使用他的办公室及设备。

还要感谢格林·拉森及其 Genesis Financial Technology 公司的优秀团队，他们为我提供了本书图表方面的帮助。我将该公司的数据和图表平台 Trade-Navigator 用于自己的交易中，而且在市场操作方面，格林及其团队是我真正的好搭档。

切斯勒分析公司（一家向能源交易商提供技术市场研究的公司）主席丹·切斯勒最早建议我写作本书。丹和我是几十年的好友。如果你也写过书，就会明白我的感受——真不知道该感谢丹，还是该揍他一顿。

最后，感谢 John Wiley&Sons 公司的麦格·弗里伯恩和凯文·康明斯。本书的写作始于 2009 年年初，但由于我的健康原因，编写中断了 9 个多月。他们两位对我颇有耐心，并对本书给予了指导。

| 目 录 |

推荐序一　低胜率的成功交易者是如何炼成的（青泽）
推荐序二　交易者的三个极致（方志）
致谢

第一篇　成功交易的基础

导　论　本书缘起与简介 / 3
   转为商品交易者 / 4
   写书动机 / 8
   本书适读群体 / 11
   本书路线图 / 16

第1章　经典图表分析原则之历史及理论 / 20
   我的个人观点 / 22
   经典形态分析的三大局限性 / 22
   本章小结 / 24

第二篇　成功交易计划的特点

第 2 章　构建交易计划 / 28
交易者的个性与秉性 / 29
充足的资本 / 33
整体风险管理 / 35
本章要点 / 36

第 3 章　识别机会与交易术语 / 37
识别交易机会 / 39
要素交易计划相关术语 / 39
本章要点 / 61

第 4 章　完美的价格形态 / 62
头肩顶反转形态（铜）/ 63
上升楔形反转形态（澳元/美元）/ 64
中继楔形与双顶（豆油）/ 64
底部三角形反转（糖）/ 66
中继形态与加仓（美元/加元）/ 66
头部反转（白银）/ 67
头肩顶中继形态（罗素 1000 股价指数）/ 68
矩形整理（堪萨斯小麦）/ 69
矩形整理与三角形整理加仓（原油）/ 70
头肩顶整理（道琼斯公用事业指数）/ 71
三角形整理、M 头、旗形整理（欧元/美元）/ 71
头肩顶与三个中继形态（英镑/日元）/ 73
对称三角形反转（澳元/日元）/ 74
两种整理形态（英镑/瑞士法郎）/ 75
三角形与楔形整理（糖）/ 75
头肩底（苹果电脑）/ 76

头肩底与对称三角形（黄金）/ 77
一系列看涨形态（铜）/ 78
失败的上升三角形（美元/加元）/ 79
为期 12 周的矩形整理（道琼斯运输指数）/ 80
罕见的牛角状形态（布伦特原油）/ 81
头肩底引发 2009 年的多头行情（标准普尔指数）/ 81
本章小结 / 82
本章要点 / 82

第 5 章 要素交易计划的运作方式 / 84

识别交易机会 / 85
进场 / 94
交易风险管理 / 94
下单管理 / 96
本章要点 / 100

第 6 章 "要素交易计划"的三个案例 / 101

道琼斯工业指数的显著技术走势 / 102
黄金的整年交易 / 105
糖的整年交易 / 115
本章要点 / 125

第 7 章 成功交易者特质 / 126

熟悉交易信号 / 127
纪律与耐心 / 128
自我分析与计划分析 / 128
信念提升 / 131
本章要点 / 132

第三篇 21周的交易日志：旅程开始

第8章 第一个月：2009年12月 / 137
交易记录 / 139
本章小结 / 154

第9章 第二个月：2010年1月 / 156
识别交易机会 / 157
计划修正 / 162
交易记录 / 163
本章小结 / 182

第10章 第三个月：2010年2月 / 184
在震荡行情中坚持交易计划 / 185
交易记录 / 187
本章小结 / 201

第11章 第四个月：2010年3月 / 203
交易记录 / 204
本章小结 / 215

第12章 第五个月：2010年4月 / 217
依赖经典形态分析原则 / 218
展望未来 / 225
本章小结 / 229

第四篇 总 结

第13章 交易业绩分析 / 233
交易计划的业绩 / 237
交易计划（和交易者）如何演变 / 243
本章小结：运用于将来的最佳操作 / 244

第14章 最佳表现清单 / 247
澳元/美元汇率为期7个月的双重底 / 249
欧元/美元汇率为期6个月的楔形形态 / 251
英镑/美元汇率为期16周的牛角状形态 / 252
新西兰元/美元汇率为期4个月的头肩底 / 252
美元/加元汇率为期6个月的失败上升三角形 / 254
标准普尔指数为期8个月的头肩底形态 / 255
糖为期14个月的对称三角形 / 256
黄金为期7个月的三角形 / 257
铜的一系列整理形态 / 259
原油的头肩底 / 259
本章小结 / 261

后记 / 262

附录A 要素交易计划信号一 / 266

附录B 要素交易计划信号二 / 273

附录C 推荐参考资料 / 289

注释 / 291

|第一篇|

DIARY OF A PROFESSIONAL COMMODITY TRADER

成功交易的基础

交易到底是艺术，还是科学，抑或是两者的某种融合？

我不确定这个问题的答案是什么，也不确定它是否该有个答案。我把交易看作一种专业技能。成功的交易者利用这些专业技能，能够像棒球投手一样投出完美的蝴蝶球，或者像冶金师傅一样把多种金属巧妙地加工为合金，又或者像软件工程师克服各种复杂难题，设计出新的芯片技术一样。

专业技术人士都需要经历一段学徒期。学徒期未必是在特定课堂或者培训场学习的具体时间，而是指在一段时间内，融合了个性的、专业的和特有的经历后，形成特定知识和技巧，从而形成某种技能。

本书第一篇谈论我个人的交易学徒过程，并且简单叙述本书的背景资料。第一篇内容包含两部分：

（1）介绍我个人从事交易的历史背景，解释我写作本书的动机，简单说明本书的结构，以及写作本书的宗旨。

（2）概述经典图表分析原则，它是我交易手法的基础。

第一篇是我结构化设计交易计划的基础；第二篇则详细介绍交易计划的设计。

| 导　　论 |

本书缘起与简介

　　我拿到一本新书后的第一件事就是看看第 1 章之前有多少页——大段的导论让我昏昏欲睡。我认为，多数读者可能也跟我一样，希望直接切到精彩片段。我最不想写导论冗长的书。然而，我的看法已经变了，毕竟我自己已经成了作者。实际上，导论是有用的，可以提供必要的背景情况，介绍作者的观点。所以，请大家原谅我犯个小错，尽管我自己过去总是讨厌它，但我认为值得写一下。

　　这是一本有关我个人的书，介绍我个人交易商品和外汇的经历，以及我是怎么利用图表进行交易的。我将它类比成拼图，最终本书中的每张图表都将融合在一起，与拼图一样，整体性地呈现在读者面前。书的某一部分和拼图的某一块一样，本身是没有意义的。远观拼图的整体才能更清晰，并从中看到我的观点。拼图的概念描述了本书将如何展开。那么，我首先说说自己是怎么进入这一行的。

转为商品交易者

1972年，我从明尼苏达大学毕业，拿到了广告学学位，之后不久搬到芝加哥，在一家广告公司工作，这是全国规模最大的广告公司之一。我的一位邻居是芝加哥期货交易所（CBOT）的交易员。通过闲聊以及亲自拜访，看他在场内交易大厅工作，我对期货市场产生了浓厚的兴趣。我从商品交易中看到这样一个机会：能让我体面地生活，能为自己工作，而且能在这个充满刺激的领域里挑战自我。总之，我上钩了！

每个人都要从商品市场基层做起。受雇领高薪不是这个行业的现实。所以如果我打算离开广告行业，转战商品市场，就要有个B计划。于是我去问广告公司老板：如果我现在离职，干一年期货，失败后重新回来应聘老岗位，能否录用我并为我加薪30%。他同意了。

1976年，我当时20多岁，正式踏入商品市场，唯一的目标就是交易自己的个人账户。但我得先摸清门道才行。

我入这一行，当时CBOT的交易员都要从底层干起（芝加哥商业交易所和纽约商品交易所也是如此），现在也是这样。交易所的场内交易池从来都没有"MBA绿色通道"。学习曲线很陡峭，淘汰率很高。

最初我为康地谷物公司（Continental Grain Company）提供服务，隶属于Conti部门，学习期货市场经纪业务。当时康地公司是仅次于嘉吉（Cargill）的全球第二大谷物出口商。1999年，康地将其谷物业务卖给了嘉吉。

我在广告行业工作时，麦当劳和金宝汤公司（Campbell's Soup Company）都是我服务的客户。巧合而幸运的是，这两家公司都是大宗农产品的使用商。

对于金宝汤这类农产品加工商而言，过去数十年来原料供给过剩，并且价格很稳定。然而，20世纪70年代初期发生的几个状况，包括全球粮食歉收,导致农产品和几乎每一种原材料都出现大的牛市行情。在几个月的时间内,有些商品的价格就翻倍了。如图0-1所示的黄金价格走势和如图0-2所示的小麦价格走势,反映了整体商品市场的大概表现。

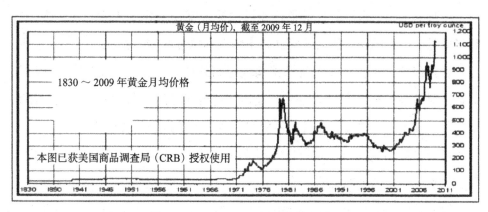

图0-1　1830～2009年现货黄金价格

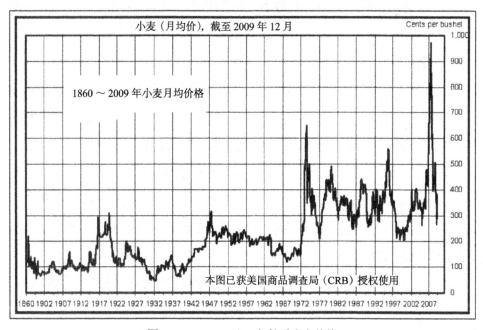

图0-2　1860～2009年软质小麦价格

食品加工商没有为价格暴涨做好准备，公司高层和采购部门苦无良策。极少有食品加工商对现货或期货市场的远期定价有任何经验。

这是我从广告行业转战商品市场时的大背景。

一加入Conti部门，我就带着提议去找金宝汤公司的主席。我认为，期货可能是一个帮助金宝汤公司对冲将来的采购风险的方法。

我建议该公司指派一位资深采购经理到芝加哥，以评估商品合约是不是有益的管理和采购工具。我进一步建议，这位采购经理与我共同向公司最高层提交一份正式的提案，而且这份提案根本不涉及推荐期货合约。

最后，我们建议该公司可以在以下农产品中策略性地利用相应的期货合约：可可（金宝汤当时拥有歌帝梵巧克力）、玉米和豆饼（饲养鸡，以制作冷冻和罐头鸡肉制品）、豆油、冻鸡肉（当时在CBOT中交易活跃）、生牛和生猪（取决于该公司使用肉品与存栏牲畜之间的价格关系），还有美国的三大小麦合约（金宝汤公司生产大量面条，而且拥有Oroweat和非凡农庄（Pepperidge Farms）烘焙厂）。

金宝汤终于见识了利用商品期货合约进行风险对冲的智慧。我担任该公司的顾问，收入足以应付我学习期货交易时的家庭开支。要是我当时一股脑地投入市场进行交易，结果恐怕是很快再回到广告公司，或者转入其他行业。

学习几年之后，1980年前后我开始交易自己的资金，起步资金不足1万美元。一开始的交易业绩尽管不是灾难性的，但也并不成功。我尝试每一种听到或看到的方法。在CBOT里，我身边的交易员都能盈利，但我就是找不到适合自己的方法。

这时，一位朋友给我介绍了一本书——《股市趋势技术分析》⊖（*Technical Analysis of Stock Trends*），这是约翰·迈吉和罗伯特·爱德华兹于20世纪40

⊖ 本书中文版已由机械工业出版社出版。

年代写的作品。这本书过去是，目前仍然是股票图表交易原则的圣经。我花了整个周末研读这本书，而且从此再也没有回头。

图表交易具有其他方法并不具有的许多优势，包括：

- 显示市场方向。
- 时机机制。
- 符合逻辑的进场点位。
- 判断风险的方法。
- 现实可行的结利目标价位。
- 识别风险/回报比例。

自此以后，我就成了一名图表交易者。更具体地说，我交易的是传统形态的突破，比如头肩顶和头肩底、矩形、通道、三角形等。我关注周线图和日线图的形态，这些形态的构造时长从4周到数月不等。尽管我的看盘重点在更长周期的图表，但是我实际的交易趋势在更短周期上，大多数持仓时间在一两天（如果亏损的话）到一两个月。

1981年以来，我的主要工作是交易自己的资金，不过20世纪80年代也会出售市场研究给其他交易者。20世纪80年代末期到90年代初期，我为一些大型资金管理公司交易一些对冲基金，比如商品期货集团（自高盛将它收购后）。一些最好的对冲基金交易员曾为这家公司服务（我不敢自认为是其中之一）。

20世纪90年代初期，我对金融交易的兴致降低，对其他跟市场不搭边的机会产生兴趣，开始远离每天的市场合约交易，授权另一位交易者交易我的资金。这是一次并不成功的实验。20世纪90年代中期到2006年，（基于社会动机）我热衷于某些个人非营利性质的事业，几乎没有做交易。2007年1月，我又用起过去的交易计划。

1990年,我与一位目前已过世的朋友布鲁斯·巴布科克合著过一本书《运用经典图表形态交易商品期货》,概括性地阐述了我个人的交易方法。那本书引发了我再写一本书的计划,以期更详细地阐述我的期货操作方法。你看到的这本书正是这一计划的实施结果。

我的自有资金操作记录

在我积极交易的1981~1995年(包括我授权另一位交易者帮我交易的4年),以及2007年之后,平均收益率(年化的月值增加指数法,即VAMI法)为68.1%。在前述时间内,有一年的业绩是亏损的(1988年为-4.7%),而且当时完全由我本人操作。交易账户的最大年化月末资金回撤均值为15.4%。我操作自有资金的业绩记录如图0-3所示。请阅读本书后文附录的免责声明,以及我针对自有资金交易提出的附注。过去的业绩并不代表将来的业绩。

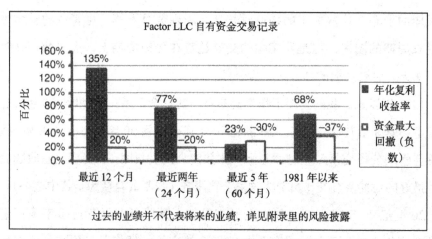

图0-3 Factor LLC自有资金交易记录

写书动机

商品交易类书籍、咨询服务、讲座和程序化交易软件领域充斥着大堆垃圾。每年都会有一些股票和商品投机类书籍出版。投资领域真的需要多我这本书吗？

鉴于我对于多数交易和投资类书籍的评价不高，似乎我自己也写一本就显得颇为讽刺了。具体来说，我相当排斥那些以假设为基础谈论技术分析的书籍。与此相反的是，我很喜欢杰克·施瓦格的《金融怪杰》⊖（*Market Wizards*）系列，因为它展现了真实交易者人性的一面，他们运用其才能在市场中赚取利润。如果你还没有读过这些书，那就真的是错过了市场投机方面的一些真知灼见。我还喜欢另外两本书——《说谎者的扑克牌》（*Liar's Poker*）和《大空头》（*The Big Short Inside the Dooms-day Machine*），它们都再现了聪明交易者的真实生活状况。

我之所以把写作这本书当作挑战并接受了它，是因为出版商与我对本书有个共同的期待：它是一段限定时期内，我的真实交易操作的日记。

本书具有 7 项特色，我认为这在普通的商品交易类书籍中是独一无二的：

（1）我用真实资金在真实市场中进行实时的真实交易。我不是学者，也不是需要卖书还房贷的人。我没打算兜售交易系统，更不准备推销投资顾问网站。我只是个努力从市场上赚钱的交易者。

（2）本书记录的是我交易的交易信号和尝试，而不是适用于去年图表的一些随意的优化规则。换句话说，本书是我的交易日志，记录着每天的每笔交易，以及每个想法、每个错误、每次胜利、每个情绪……都是当时发生的状况。我现在坚信，未来 21 周的交易是可以盈利的。但交易者总要承担风险。

（3）本书将会揭示，交易就像逆流而泳，逆流就是人的情绪。持续盈利是个艰巨的任务。我不想忽悠大家，如果金融交易很简单，那每个人都可以以此为生了。某些作者很乐意跟读者分享其成功的荣耀。我会谈到在连续产

⊖ 本书中文版已由机械工业出版社出版。

生8笔亏损后继续第9笔交易的相关情绪。成功的市场投机会导致头发变白、失眠、揪心。

（4）我尝试说明，成功的市场投机主要关乎风险管理。事实上，优秀的交易者通常都首先把自己当作风险经理人。就像打德州扑克一样，如何打手中的牌，比拿到什么牌更重要。"资金管理"没有得到应有的重视。

（5）我要做的是杀死一头不久就要死的牛——其死期早就注定，对交易者来说，成功的概率为70%～80%。这头牛真的要死了，也许我能给它致命一击。

交易新手耗费90%的时间和资金来识别交易机会。就我的经验而言，识别交易机会是交易盈利中最不重要的一环。事实上，我们究竟采用什么方法来识别交易机会并不重要。我从不吹嘘自己采用的方法是最棒的，甚至不认为我的方法优于平均水平。关键在于：如何选择交易机会与交易业绩之间没有显著关联。我认为，交易新手费尽心思追求那些胜率超过80%的交易系统，主要是因为他们不能容忍亏损的交易。然而，如果各位想在市场上稳定盈利，就必须容忍亏损的单子，必须把对盈利的单子引以为傲的心理需求降到最低。

（6）我也完全不打算通过本书展示我是如何把一笔小钱交易成一笔大资金的。那种能把10万美元做到100万美元的书可能精于营销，但我们需要的是事实。能达到这种交易业绩的人，给他10年时间，他就能拥有全世界的财富。不信你就算算看。

我属于风险厌恶型。我2010年的目标收益率为18%～24%。商品期货或外汇市场如能稳定提供2%的月度平均收益率，账户净值又不会呈现剧烈波动，我就会相当满意。我还是把快速致富的问题留给其他作者解决吧。所以，如果你找的是这样一本书，这本书就不适合你。相反，如果你要找一本以获取优势为目标，详细阐述投机的过程的书，那就请继续阅读吧。

（7）图表交易使我获益不少。因此，虽然听起来似乎有点过于高尚，但我仍然想和大家分享过去几年来学到的图表形态交易方面的知识。事后可以很容易设想应该如何做某笔交易，但实时交易时总是亏损累累。我相信，我会给你增加一些图表交易方面的实际知识，也许还能减少你学习过程中的折磨。

最后，我的目标是展示专业交易者的行为和情绪——它们涉及的层面远大于怎么识别下一个交易机会。

本书适读群体

这本书是为以下人群所写的：

- 专业的商品和外汇交易者。
- 普通投资大众（尤其是美国婴儿潮时期出生的已届退休年龄的人）。
- 交易新手。

专业的商品和外汇交易者

如果你已经是一位图表交易者，而且尽管我很希望能为你的知识体系添砖加瓦，但你们仍然可能从本书一无所获。你们阅读本书应该不是为了学习我的方法。你们已经相当成功，因为你们准确地知道自己的交易计划是什么。不过我会试着发挥我在市场中的优势，这可能会为你们提供一些启发。你们明白，成功的投机主要是一种人性行为，我们要逆着情绪之流而上。

我向你们致敬，你们是世界顶尖的交易者。2007～2008年，如果由专业商品交易者掌控全局，全球金融崩盘也许就不会发生。你们作为一个整体，应该感到骄傲，因为并不是你们引发了这些年的全球经济灾难。

作为商品、外汇专业交易者，你们实在有太多值得骄傲的地方。表0-1展示了过去5年全球排名前20的专业期货和外汇交易机构的业绩（以经风险调整的收益率计）。

表 0-1　2005～2009 年商品和外汇交易机构 20 佳　　　（%）

商品和外汇交易机构	平均年化收益率	最大回撤率均值	2008 年金融崩溃期间收益率均值①	过去 5 年盈利年份比率（根据可用数据统计，业绩最差年份的收益率均值）①
前 5 佳	20.5	−8.9	22.5	88（+0.03）
第 6～10 名	12.8	−11.3	27.0	80（−1.8）
第 11～15 名	10.2	−10.9	20.6	84（−1.4）
第 16～20 名	8.2	−11.1	11.7	76（−4.7）
综合（未加权）	12.9	−10.5	20.0	82（−1.9）

① 管理资金在 1000 万美元以上且回撤不超过 15% 的商品交易投资顾问机构才有资格参与前 20 佳商品交易顾问（CTA）排名，排名基于平均年化收益率。

资料来源：Managed Account Research Inc. 网站数据。

过去 5 年，这 20 家顶尖的专业商品和外汇交易机构中的 19 家在 2008 年是盈利的，而金融领域的其他机构在全球金融崩溃中损失了数十亿美元。这 20 家机构的 5 年复利收益率均值是 12.9%。有 7 家机构在过去 5 年内从未出现亏损。资金顶峰至谷底的最大连续亏损只有 10.5%。综合来说，这 20 家机构业绩最差年份的亏损也只有 1.9%。把这个业绩和股市的过山车行情一比，优劣立显。

我认为，这些专业商品和外汇交易者之所以能连续几年稳定盈利，主要有 4 个原因：

（1）大多数商品或外汇交易者刚开始都是操作自己的资金。不会因为你获得了工商管理硕士或者量子物理学博士，人家就会给你一个数百万美元的资金池。事实上，你可能是个大学肄业生、主修欧洲史或者神学的人，或者是个前航空管制员。

（2）你了解风险，因为你在杠杆市场中交易。你知道，在亏损单上硬挺只会付出高昂的代价。你知道，小亏损总有办法变成大亏损，而大亏损也总有办法使交易的大船倾覆。你总算没有让不值钱的保证金合约掏尽你口袋里的钱。

（3）你在透明市场中交易，它具有快速的价格发现机制。你使用的交易工具每天基于真实价值结算。你任何时候都可以判断出整个投资组合的最精确结算价值——如果要平仓，几分钟内就能搞定。想想下面这些事件，你不禁会笑出声来，比如美国国际集团（AIG）、雷曼兄弟，还有房地产抵押贷款交易工具，差点搞得全球经济崩溃。大型金融机构怎么会把动辄数十亿的资金投在这些每天交易结束后不能精确显示结算价值的东西上。难以想象的是，一些世界级的金融公司竟然把命运押注在连自己都搞不懂的金融衍生工具上，等它们倒台了，政府还要救助。政府救助后，这些机构的管理层又奖给自己数十亿美元红利。赚钱套路深啊！坦白地说，我觉得真该把这帮人扔到柴房里去。

（4）你知道，成功交易的关键在于如何处理亏损的单子，并不在于你总是"正确的"。你要理解的是，如果亏损能够被管控，那么盈利就会水到渠成。

普通投资大众

如果你是普通投资大众，那么你可能经历了一段"资产消失"时期，因为过去几年内的资产（股票、对冲基金、房产或者其他资产）的价值可能最差到"消失"或最好到严重缩水。你的资产价值的波动也是如此巨大。

然而，在商品期货市场和外汇市场，确实可能每年都创造两位数的收益，而且资金波动有限。但你得知道，如果你亲自操作，达到上面提到的收益并不容易。持续成功的交易需要勤奋，远非说的那么简单。没有随随便便就能下出金蛋的鹅。

你在成长中不断听人说，商品市场是投机者才参与的，房地产和股票市场是投资者才参与的。我希望你现在已经知道，传统的"投资"概念在现实中已经没有了根据。除了美国短期国债之外，其他任何工具都是投机。我们也许会在接下来的几年发现，美国联邦政府的债务工具也不是安全资产，甚至下一个泡沫将是美国 30 年期国债。

不论喜欢与否，买入－持有策略就是个笑话。你在生命中所做的每个决策都是交换。所有的事情都是一笔交易。一切都是一场赌博。

你很可能还听说过，商品和外汇市场的投机不是"一夜暴富"就是"一夜回到解放前"，因为你的交易工具具有较大的杠杆。

操作得当的话，商品和外汇交易可以是相当保守的冒险。截至 2010 年 3 月，专业商品交易者管理的总资产价值 2170 亿美元，努力给客户提供平均水平以上的收益，而且资产价值波动很小。

上述内容让我听起来像个管理型期货的支持者，那是因为我就是个管理型期货操作者。研究表明，拥有管理型商品投资组合降低了股票和国债投资组合的波动性。图 0-4 比较了可以回溯至 20 世纪 80 年代早期的巴克莱商品交易顾问指数与标准普尔 500 股票指数的走势。你自己选择坐哪辆过山车，让图表自己说话吧。

图 0-4　巴克莱商品交易顾问指数与标准普尔 500 股票指数

交易新手

对于你们，我要放点硬话：你们都被骗了！购买昂贵的"黑箱"交易系统，参加保证你发财的讲座，想着下一个更好的交易平台能解决你的难题，订购线上交易服务，都是在浪费金钱，而且这些都是你自己的错。之所以说这是你的错，是因为你想找到一种方法，克服自己情绪上的无能，以泰然自若地砍掉亏损单。你的"自我"与"自尊"跟交易纠缠得太多。

你的部分交易是盈利的。事实上，你还会有几个年份都是盈利的。可是，你从未进化成稳定盈利的交易者，因为你把大多数的时间、金钱和精力花费到寻找克服心理障碍的方法上。如同多莉·帕顿唱的那样，你干的事就相当于"在所有错误的地方寻找成功"。

你把90%的精力用到交易因素中最不重要的部分上：识别交易机会。我稍后会阐述我认为对交易成功而言十分必要的所有交易因素，但"识别交易机会"是其中最不重要的。我的观点是：懂得管理亏损单子的重要性是唯一最为重要的交易因素。

几年前，我还在CBOT时，曾对十几位持续稳定盈利的专业交易者进行过一项算不上多科学的统计调查。这些年来，我也拿相同的问题询问交易新手。这个问题是：

> 有两套不同的交易方法，这些年交易业绩相同，一套胜率是30%，另一套胜率是70%。请问，你会选择哪一套？2/3的专业交易者选择前者；几乎所有的新手选择后者。为什么有这种差别？

专业交易者理解交易新手不理解的一些东西。为了达到预期结果，具有70%胜率的方法所拥有的犯错空间很小的。这种方法遇到不利的年份（胜率只有50%时），结果会怎样？

专业交易者认识到，胜率只有30%的方法具有更好的风险管理结构。胜率只有30%的方法在操作上具有更大的犯错空间。事实上，胜率只有30%的方法假定半数以上的交易最终是亏损的。任何方法都会有表现好和表现不好的时候。交易出现业绩不佳这一情况应该被内化到整体的系统考虑内。

古语有言："商品市场赚钱容易守住难。"这句话充满了智慧。守住资金是资金管理和风险管理的技巧。除非交易者能找到一种在交易不佳时守住口袋里的本金的方法，否则好时光永远不会到来。

本书路线图

本书利用价格图表交易商品和外汇市场。更具体地说，本书将阐述我如何利用图表进行市场投机。

然而，我没有假定图表交易优于其他交易方法，也不认为我使用的图表方法优于其他图表交易者的操作。事实上，我知道，我的交易方法存在不足之处。我每年都会发现新的不足，在写作本书期间我也会发现其不足之处。

我希望大家在阅读本书时谨记下列6个要点：

（1）持续稳定盈利的商品交易的关键不在于发现某种神奇的方法以找到盈利交易。

（2）持续成功的交易建立在有力的风险管理之上。

（3）成功的交易是这样一个过程：遵守交易纪律，耐心地重复某些事情。

（4）交易中的人性部分极其重要，多年以来却被其他作者所忽视。认识到并管理好恐惧和贪婪情绪，是持续成功投机的核心工作。我不想假装我在这方面已经炉火纯青。

（5）在一段交易时间内，即使多数的交易是亏损的，最终的结果仍可能是盈利的。"过程"重于任何一笔或几笔交易的结果。

（6）图表交易的规则不是魔术，只是简单地提供一种交易过程的框架。

我会在书中强调再强调这6个要点。

这本书是有关我如何利用价格图表在商品市场中交易的。我并不想把这本书吹上天。我只是要把20世纪80年代以来学到的交易知识梳理一番。一路走来，我总结了一些重要的教训。我已经犯过所有可能发生的错误——有些甚至重复了数次。我不得不一次又一次坦陈错误。我从来不觉得交易有多么容易！

本书讲的是价格图表交易，所以我认为我有责任提供一些这方面的历史背景。第1章会简要地讲解一些传统图表分析原则的历史和主要理论。不过本书假定你已经具有图表交易的基本知识。在第1章的末尾，我会和大家探讨一下基于图表技巧进行交易内在的严重局限性。

交易是一桩事业，而且所有成功的事业都需要规划，以指导决策和操作。经过这些年，我得出个结论：所有能持续盈利的商品市场交易方法都以一些共同的特性为基础。

第2～7章将阐述我个人交易方法中涉及的基本构建要素。我所有具体的交易决策都基于这些基本要素。其他专业交易者可能拥有全然不同的构建要素，也可能使用类似的构建要素但称呼不同。在我的交易计划中，我把相关部分划分为3大类：

- 基础部分（第2章）。
- 交易计划的构成部分（第3～5章）。
- 个人部分（第7章）。

第6章提供一些案例分析，就是将我的交易计划运用到过去一年的3个市场中，详列怎么进场，怎么初步设置保护性止损以及如何调紧止损，怎结利出场，以及在每笔交易中利用多大的杠杆，承担多大的风险。

第8～12章的内容可以归纳为一句话："甩开膀子干。"这些章节就是我的实际交易日志，记录实时的、每个交易日、每个交易周、每个交易月的情况，时间跨度是2009年12月～2010年4月。我并没有基于业绩考虑而挑选这段时间。专栏文字与小结则包含下列内容：

- 对市场行为的观察。
- 不同市场与不同形态的特性。
- 中继形态与反转形态。
- 日内图表的使用。
- 交易总结。
- 学到（和再次学到）的教训。
- 错过的交易。
- 暴露出来的人性因素。

这几章会用到很多行情走势图，展示了形态演化过程，以及"要素交易计划"的执行细节。你需要知道的是，这些章节是我每天实时写下的，没有事后诸葛亮的情节。这些章节将反映我的交易——好的交易、差的交易以及一些难堪的交易，还有我的思考过程和情绪。即使是我2009年12月初写作本书时，我都不知道我能否在未来几个月获利。

第13章将是本书展示的几个交易月的总结、数据统计和讨论。第14章将展示2009年和交易日志所涵盖的这几个月中传统图表形态下走出的绝佳形态。希望"要素交易计划"将来能够充分利用好这些典型的市场好行情。我在这5个月中的盈利能力将取决于在实盘中的任何市场情况下识别图表形态并正确执行交易策略的能力。

本书附录包含一些表格，强调了交易期间的交易操作。"附录A"是交易日志涵盖的交易记录，这份表格详列了所交易的市场、进出场日期、所使用的杠杆大小、识别出的形态、交易信号类型、交易结果以及出场时所使用的规则。"附录B"是一份本书所示图表的指南，对照这些图表所属的传统图表形态、信号类型和我在交易计划中所使用的交易管理技巧。"附录C"列举了我推荐的一些书籍、网站地址以及交易平台。

如果说本书还有什么用处，那将是：它要说明成功的市场投机是个技能，需要大量、持续的学徒精神，钻研市场，硬着头皮也得这么做。成功的投机是个过程，需要不断熟知市场行为、熟读自我、熟练操作。

我想通过本书对读者和交易社区的朋友们谈几点希望。第一，我向为完成持续成功表现而艰苦工作的专业交易者致敬。交易是个苦差事，劳心、劳力，还要调整情绪。那些将售卖赚快钱和速成系统、方法作为快速盈利途径的推销者，是对交易中实际挑战大不敬的丢人现眼者。

第二，对于交易新手以及还在交易持续盈利之路上摸索的早期的交易者，我想和他们交流的是，交易仍然需要一套综合的方法，而远远不是简单地认为某个市场要上涨或者下跌。交易是一项事业，会有大量的决策和意外。

第三，我要向传统图表形态致敬，它是个不错的交易工具。图表形态交易者经常被污蔑使用的方法都是"骗术"，其实图表形态只是交易工具，不是价格预测方法。

第四，很多交易书籍较少提到人性因素，但实际上它是持续盈利的市场操作中最重要的部分。我希望借此机会特别强调一下这个没得到充分讨论的市场投机因素。

| 第1章 |

经典图表分析原则之历史及理论

投机者利用图表进行交易决策的历史已有几个世纪了。目前普遍认为，最早的蜡烛图出现在18世纪，由一位叫本间宗久的传奇日本稻米交易商发明。他认为，稻米价格与供需有关，但会受到市场参与者的情绪影响。蜡烛图背后的价格特点给本间宗久提供了一种利用图形观察一段时期内价格表现的方法，让他比交易对手更有优势。优势是投机者所期望获得的全部东西。

在美国，查尔斯·道于1900年前后开始绘制股价走势图。第一本详细讲解图表技巧的著作由理查德·W. 沙巴克（当时是《财富》杂志编辑）于1933年出版。沙巴克在《技术分析与股市盈利预测》⊖（*Technical Analysis of Stock Market Profits*）中，为分析和理解市场提供了一套有组织的、系统的框架，也就是现在所谓的"经典图表分析原则"。

沙巴克认为，股票市场行情被大庄家深度操控，他们往往是市场的主角。

⊖ 本书中文版已由机械工业出版社出版。

他观察到，这些大庄家的行为可以被价格图表侦测到，反映在每个交易时段的开盘价、最高价、最低价和收盘价上。

沙巴克进一步观察到，体现在走势图上的价格要么处于整理阶段（吸货或出货），要么处于持续的趋势中。这些趋势就是价格"上涨"或"下跌"时期。最后，沙巴克提到，价格在整理阶段（以及某些趋势阶段）往往会形成某些几何形态，依靠这些形态，未来价格趋势的方向和幅度是可以被预测的。

沙巴克界定了一些几何形态的结构和性质，包括以下经典形态：

- 头肩顶、头肩底。
- 趋势线。
- 通道。
- 圆弧形。
- 双底、双顶。
- 旗形。
- 对称三角形。
- 扩散三角形。
- 直角三角形。
- 菱形。
- 矩形。

沙巴克开创性的研究成果被收录到罗伯特·爱德华兹和约翰·迈吉于1943年出版的《股市趋势技术分析》中，该书被公认为形态分析领域的圣经。

爱德华兹和迈吉通过明确不同图表形态的一些交易规则和使用指南，将沙巴克的理解提升到一个新的水平。他们尝试将图表形态系统化到交易计划中。《股市趋势技术分析》仍然是至少三代市场投机者的标准参考书，他们会在其交易决策中不同程度地使用形态。

我的个人观点

作为专业交易者，我将经典形态分析作为交易决策的主要依据。我保留了在成熟的计算机程序和交易平台出现之前手工绘制的所有图形。现在，市面上已有多个计算机化的和线上的图表形态程序包和交易平台。

我目前仍然只依靠能显示日线图、周线图与月线图上的最高价、最低价、收盘价的柱形图。我对近20年来出现的各种技术指标并不关心，比如随机漫步指标、均线、RSI、布林带等（不过我会有限度地使用一下ADX指标）。

我并不是说这些经过统计方法处理得到的指标对交易没用，而是这些指标仅仅是统计得来的，并且是价格衍生品。我的观点是：我交易的是价格，那么为什么不研究价格呢？我不会交易大豆的RSI或者均线指标，我只会交易大豆。

我不是要批评那些已经成功将价格衍生品一体化到交易算法中的人。我也不是要批评任何一直比市场更聪明的人。但是对我而言，价格是我要交易的东西，所以我研究价格。

经典形态分析的三大局限性

利用图表进行市场操作或考虑使用图表形态的人，要理解经典图表形态的三大局限性。

首先，事后看图形并交易是很简单的。我在许多图书或推销资料中看到过这类例子，标注出形态，使得巨幅趋势看起来都是很容易赚的钱。不幸的是，为了突出某些图表形态的用法，本书可能也要犯这种错。

对交易者来说，在市场盘中实时交易某个品种，即使与同一个品种在以前出现的图形再相似，也是一项艰巨的任务。能产生有盈利的趋势行情的大型和清晰形态，往往包含了许多小型形态，而这些小型形态并未走成。走势是动态的，随时间不断演化，经常会愚弄交易，之后才会给出好的结果。

其次，图表形态是交易功能，对预测价格没什么用处。多少年来，我总是被图表形态经济学家逗乐，他们不断根据走势图的最新演变和图表形态，反复重新解释经济基本面状况。

基于图表形态"做空"一个市场与在同样的图表形态下基于基本面"看空"一个市场之间存在着巨大的差异。图表形态在一定时间内是个交易工具。图表形态的任何其他用处都只会让你失望，并通常会导致净损失。认为图表形态可以可靠地预测未来价格表现的观点，说得好听点叫鲁莽。还是那句话，图表形态只是交易工具，而不是预测工具。

我已经使用图表形态进行交易达30年了，所以有资格发表这些观点。我是形态分析的拥趸，但不是评论家。我要批判的是以错误方式使用图表。以我的观点看，使用图表进行价格预测，尤其是进行经济预测，是一种固执的错误。

你们可能了解一些利用图表进行经济预测的交易顾问服务。当交易顾问正确的时候，他们会让你知道；当他们错误的时候，他们要么找借口，要么默不作声。我觉得，大胆承认我永远不知道特定市场将怎么走、图表是否在讲一个什么故事，是一种更诚实的态度。

最后，情绪不可能从交易中被完全排除。隔离恐惧、价格、希望和贪婪的情绪性影响而专心研究和解释价格图表是不可能的。因此，假装图表形态提供了一种理解价格表现的无倾向的方法是愚蠢至极的。图表形态分析本身就蕴含着交易者的倾向。

本章小结

经典图表形态提供了一种理解市场行为的过滤网,也提供了用于构建市场投机的一整套方法的框架。在接下来的章节中,我将阐述如何利用这些图表形态建立一套用于市场投机的综合性方法,我称之为"要素交易计划"。在21周内,我将运用要素交易计划,完成实际的商品和外汇交易。

| 第二篇 |

DIARY OF A PROFESSIONAL COMMODITY TRADER

成功交易计划的特点

交易跟经营优秀的企业一样，需要一套经营计划——换言之，考虑所有变量，并且所有变量的影响程度不同。我在30多年的交易生涯里形成了一套指导原则、规则和实操方法，以此拟定交易决策。我将它们称为"要素交易计划"。

这套要素交易计划的内容会随着交易经验、知识的累积持续演变，而且随着市场行为特点的变化而变化。我知道，其他专业交易者的交易计划可能与我的有很大不同，但是许多共同的主题是一致的。事实上，我深信，对于成功的市场投机方法而言，存在一些共同的特点在本质上是必要的。

本书第二篇将阐述我个人交易方法的基本构建要素。要素交易计划有3大支柱，涵盖10个主要部分（参考图P2-1）。

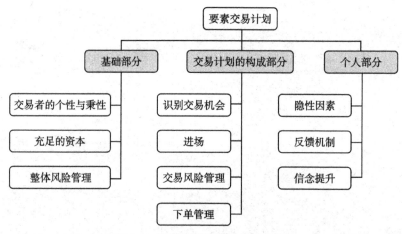

图 P2-1　要素交易计划的主轴和构成

3大支柱包括：

- 基础部分：关乎个性、秉性、可用的投机资金、风险投资哲学等。
- 交易计划的构成部分：关乎如何分析市场、如何交易、如何管理交易和风险。

- 个人部分：主要关乎成功交易者的特质和习惯。

第 2 章将讨论基础部分。至于交易计划自身的构成部分，我将在第 3～5 章讨论。第 6 章提供了一些案例研究，说明交易计划的实操结果。最后，第 7 章讨论成功投机者应该具备的一些特质和习惯。

图 P2-1 是要素交易计划 3 大支柱和组成部分的总览，你可以直接将它当作未来几章的路线图。你可以在阅读后面的某一部分时，回来看看这张路线图，以了解书中的每个章节在全书中的作用。

| 第 2 章 |

构建交易计划

交易操作的基础部分主要关乎一些需要提前考虑的内容,这些内容甚至应该在做交易之前认真思考。我认为,很多商品、外汇交易者已经在商品和外汇市场失败了,因为他们直接跳进这些市场,根本就没有做好基础工作。要持续获得投机盈利,就必须考虑一些基础问题,它们极其重要。

图 2-1 可以作为本章的阅读路线图,显示的就是这些基础部分,包括:交易者的个性与秉性、充足的资本以及整体风险管理。

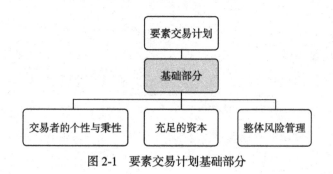

图 2-1 要素交易计划基础部分

交易者的个性与秉性

商品和杠杆化的外汇市场行情波动剧烈,不适合心脏脆弱的人。选择参与商品和外汇市场的人,或者选择将资金交给专业管理者打理的人,都要了解相关市场的波动性。

选择交易自己账户的人,用于交易商品的资金不要超过流动投资资产的20%——这样一来,即使这部分资金出现严重亏损,也不会危及个人或者降低未来生活标准。

这类交易者还需要注意商品、外汇市场的一些特有的表现。商品市场几乎是24小时可交易的,仅在美国午盘短暂休市,以决定当日的收盘价,然后新交易日立刻开盘。从美国到亚洲,然后是欧洲,接着又回到美国,市场(以及计算机交易平台)无缝对接——从美国周日下午晚些时候开始,一直持续到美国周五下午晚些时候。几乎没有什么停顿,一周接一周,市场波动不止。

商品合约使用较高的杠杆,最高可达100∶1。也就是说,账户资产中的每1000美元可以控制高达100 000美元的商品和外汇资产。此时,相关价格只要出现1%的反交易方向走势,就会造成保证金的完全损失。

即使对于轻仓的商品交易者而言,每日账户净值波动2%~3%也不稀奇。

市面上有很多关于商品交易的优秀图书。我无意提供商品和外汇交易的基本知识。我推荐交易新手阅读亚历山大·埃尔德的《以交易为生》[⊖](*Trading for a Living*)以及附录C里列举的其他图书。

商品与外汇交易有一个非常重要的因素——交易新手必须特别注意,这个因素体现了它与政府债券、房地产、收藏品和股票的差异。

⊖ 本书中文版已由机械工业出版社出版。

商品和外汇市场的每个多头都对应一个空头。在股票市场，纽约证券交易所的"空头兴趣"（纽约证券交易所融券比例）正常在3%左右，很少超过5%。然而，在商品或外汇市场，空头与多头永远对等。

每个多头头寸对应一个空头头寸这一特性，就是零和博弈。某笔交易赚取的每一美元都来自其他人某笔交易损失的每一美元。事实上，商品和外汇市场还算不上"零和博弈"，因为每笔交易还有经纪商佣金和交易费用等成本。

在股票市场，几乎每个人都会在上涨的市场中获利。但是商品和外汇的零和特性非常明显，因为初学者要想获利，就得打败专业交易者和机构交易者。商品市场是个钱从一个口袋跑到另一个口袋的游戏场，身处其中，任务艰巨。

某些个性类型并不适合商品和外汇市场。可能有些专业交易者并不认同，但我还是提醒以下3类初学者最好避开商品和外汇市场：

- 日内交易者。
- 盯盘不止者——交易日内频繁查看价格变动。
- 情绪化严重者——情绪化特质导致生活中麻烦不断。

日内交易者

日内交易者在商品和外汇市场具有公开的不利因素，因为他们要获得盈利，必须先把交易成本赚回来。让我们假定一位外汇市场的日内交易者每个交易日交易5笔欧元兑美元（表示为EUR/USD），每笔交易一手（每手合约价值10万欧元）。要做这笔交易，保证金最低为2000美元（保证金最低额因交易商、经纪商、账户规模或交易所规定的不同而有所差异）。

外汇交易手续费（或称"佣金"）非常低，甚至为零，但日内交易者必须面对买卖报价之间的价差（spread）。银行和交易商就是通过买卖价差来盈利的。比如，当前 EUR/USD 买入价为 1.4559，卖出价为 1.4561，[⊖]两者之间相差 2 个"点"。

价差意味着银行和交易商买入欧元的价格为 1.4559，卖出欧元的价格为 1.4561。反过来就是，投机大众买入欧元的价格为 1.4561，卖出欧元的价格为 1.4559，两者存在 2 个点的价差。规模很大的投机交易者，比如专业操盘者，有能力拿到更窄幅的买卖价差（可能只有 1 个点），但通过广告在网上外汇平台开户的普通小资金交易者，买卖报价之间的价差可能达到 3 个点。

为方便讨论，我们假定买卖价差为 2 个点。那么在一个交易日内，交易 5 笔下来，交易者要赚 10 个点，整体交易才能勉强打平。10 个点相当于 100 美元（实际金额因交易货币的不同而有所差异）。

两周之后，交易成本会达到 1000 美元（每天 10 个点，10 天就是 100 个点，每笔交易一手价值 10 万欧元的合约，每个点就价值 10 美元）。所以，用于交易欧元/美元价差合约的 2000 美元保证金就会被 4 周的交易消耗完——这就意味着日内交易者每个月必须取得 100% 的收益，才能避免耗尽保证金。

盯盘不止者

就我的经验而言，那些在盘中醉心于账户余额变动状况的人，注定是商品和外汇市场中的失败者。个中原因与杠杆市场的特点有关。对账户余额的过分担忧会凌驾于市场判断之上，从而产生防御型交易。防御型交易从不奏效。

想要在商品市场中成功，交易者需要在合理的资金和交易管理（这些话

⊖ 这是交易商或经纪商提供的价格，具体来说，低价是它们买入的价格，即 1.4559，高价为它们卖出的价格，即 1.4561。对于交易者而言，（从交易商或者经纪商那里）买入或者（向交易商或者经纪商）卖出的价格为 1.4561、1.4559。下文有进一步解释。——译者注

题后续再阐述）体系内，专注于交易市场（而非其账户净值）。如果你需要频繁地查看账户余额，那么商品、外汇交易不适合你。

情绪化严重者

市场无情面可言。如果交易者具有明显的性格或者情绪缺陷，那么商品市场就会发现并利用它。

成功的交易就像逆流而上，或者像向山峰奔跑，与人性相悖。可以很公平地说，一致性的盈利操作要求你学会克服强烈的情绪影响。事实上，大多数专业交易者都会提到，他们许多最成功的交易靠的是与情绪冲动方向相反的操作。

情绪已经使自己陷入财务决策、个人习惯或者人际关系方面麻烦的人最好避开商品交易。即使不背负情绪包袱，参与商品和外汇市场本身也是够难的。

小结

"要素交易计划"或任何其他成体系、有逻辑的市场投机方法都假定，交易能够管理其情绪。这并不意味着你不会经历强烈的反着交易计划干的情绪的诱惑，不意味着你能百分之百阻止情绪对一段时间内的交易产生影响，也不意味着你能在市场操作上变得毫无情绪。它意味着你有能力识别情绪（包括恐惧、焦虑、不切实际的希望、贪婪、压力或者自我怀疑）到底是什么，逐渐了解有情绪是正常的，但情绪并不可靠，而且你能形成一套克服情绪主导交易决策的方法。

要素交易计划体系（或任何其他的成功交易操作）内合理的个性与秉性需要两样东西：

- 较长时间交易无法盈利时的财务能力。
- 管理情绪的能力——至少在大部分时候，以及不允许情绪凌驾于交易规则和原则之上的能力。

充足的资本

1980年,我成立了"要素交易公司"并用不足1万美元开始交易。要是相信用这么有限的资金就能获得成功,完全是头脑不正常。我没被市场淘汰与奇迹无异。交易总是进三退二,直到我把所有资金押注在1982年瑞士法郎的交易上(见图2-2)。直到这段货币走势之后,我才拥有了足够的资本,觉得自己能进到交易博弈里,也就是在那个时候我的交易原则开始形成。我觉得很有趣,所以把这笔交易的图表展示给大家,它使我的账户达到了一个我得严肃交易的充足的资金水平。时至今日,我一想到在这笔交易中动用的杠杆,还是会不寒而栗,那是我目前所用杠杆的20倍。

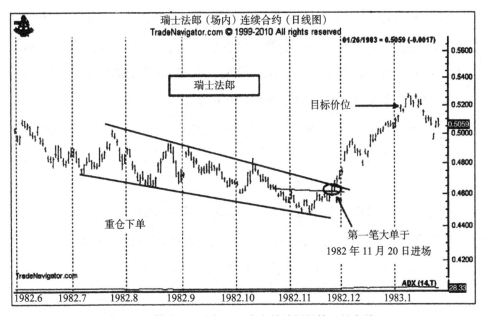

图2-2 做多瑞士法郎:要素交易计划的第一笔大单

朋友们经常问我,一个人需要多少资金以交易商品与外汇市场。这个问题不太好回答,因为有很多变量。我只以我的交易方法为基础来回答这个问题。

要交易"要素交易计划"提供的全部信号,就要用到10万美元的整数倍。这并不是说需要10万美元以满足交易这些要素交易计划发出的信号的保证金要求,这一资金水平是基于预期收益与潜在的资金回撤之间的关系而设定的。

以我个人的交易历史而言,我的平均年化收益率是我最大年度回撤的2~3倍。有几种可用的方法来衡量收益与风险之间的关系,比如斯特林比率、卡玛比率、索提诺比率与MAR比率[⊖]。在我交易的任何年份里,修正后的卡玛比率(年度收益/月底最大资金回撤)波动都很剧烈,有时候是负数,有时候高达30∶1。

交易本金是10万美元的整数倍,是为了将每年最大资金回撤比率限制于10%。这并不是说我的账户净值亏损绝对不会超过10%,也不是说我的交易必定能够盈利。重点在于:我的每个交易资金单位是以风险参数为基础的,而不是以交易新手在决策中经常使用的其他要素为基础的。实际上我经常听到交易新手这么说:"我的账户资金为2.5万美元,一手大豆合约的保证金是2500美元,所以我能做多或者做空10手。"一般来说,每10万美元的资金,我交易不会超过1手大豆合约。

我猜测——当然只是个猜测,其他职业交易者考虑的一个资金单位最少是10万美元。一些更有名气的商品交易顾问要求账户资金不得低于50万美元,甚至是100万美元。这个体量显然代表了他们的标准交易单位。

⊖ MAR比率=预期收益/最大回撤。——译者注

整体风险管理

成功的交易操作主要取决于如何管理风险。许多商品交易新手假定每笔交易都会盈利。专业交易者管理交易时假定每笔交易可能都会亏钱。很明显,两个观点之间存在重大差异。

要素交易计划在运作时,秉持几个具有全局性的假设,包括:

- 我不知道某个市场会朝哪个方向运行。我可能认为我知道,实际上我并不知道。我的交易历史显示,我对某一特定市场运行方向的判断往往与实际走势相反。事实上,我认为,如果哪位交易者运用了适当的风险管理方法,开立与我的想法相反的仓位,他就可能获得稳定的成功。
- 在较长的一段时间内,我交易中的30%~35%能够获利。
- 我的下一笔交易能够获利的概率小于30%。
- 在较短的一段时间内,我最多80%的交易是亏损的。
- 一年内,很大概率上我可能会出现连续8笔或以上的亏损交易。
- 在我的交易操作中,整周、整月或者整年的交易结果经常是亏损。

为了体现这些全球都认可的假定,重要的风险管理理念已经被融入要素交易计划。首要原则是任何一笔具体的交易所承受的风险都不能超过整体交易资本的1%,最好是0.5%左右。

我的交易资本以10万美元为一个单位,意味着每单位交易资本能够承受的最大风险是1000美元。我下单时动用的保证金很少超过整体账户资金的15%。我不记得被要求过追加保证金。

假定每笔交易承受的风险是交易资本的1%,那么如果每年发生一次连续8笔交易亏损,账户最大连续亏损也会有8%。

我内心所能接受的账户最大连续亏损是 15%。在我完全执行要素交易计划的 10 年中，我曾经 9 年都遭遇过至少 15% 的最大连续亏损。

我发现，年纪越大越不能忍受风险。眼下，根据我的风险管理原则，我试图将账户净值年度最大连续亏损设定为 10%（这是按周计算的，即资金净值一周从峰值到最低）。我通常不会理会账户净值在盘中的波动，因为我不会尝试抓顶摸底，我想都不想这些事。事实上，正如我在本书中所讨论的那样，关注每天的账户净值变化是不明智的。

在判定风险时，我会考虑市场之间的相关性。举例来说，美元兑欧元是下跌趋势，伴随而来的可能就是美元兑瑞士法郎或英镑的下跌趋势。大豆是牛市行情，伴随着的可能就是豆油和豆粕的牛市。在综合布局高度相关的市场仓位时（谷物、利率、股指、外汇、贵金属、工业品），我会将风险限制在整体资产的 2%。所有成功的交易操作必须建立在整体风险管理的基础上。

本章要点

- 外汇与商品市场属于高杠杆市场。
- 不同于股票或债券，商品与外汇市场是零和博弈。如果有哪位交易者赚到钱了，那么一定有另外一位交易者亏钱了。
- 你是否有足够的交易资本来交易商品？你是否经得起亏损？
- 你能了解并管理市场投机中的情绪波动吗？
- 为了在交易上做对，你是否有情绪或者心理上的需求？对于自己使用的交易方法，你是否接受大多数交易决策都是错误的？
- 交易中你的主要精力在寻找赚钱的交易上，还是在管理亏损的交易上？风险管理必须优于机会识别，这样才能得到稳定的良好业绩。

| 第3章 |

识别机会与交易术语

现在,我要转向讨论要素交易计划的运行机制。这套交易计划尝试着回答下列问题:

- 我该交易哪些市场?
- 做多还是做空?
- 现在介入还是再等等?如果再等等,那么应该等什么?

如图 3-1 所示的要素交易计划的交易机会识别的内容可以回答这些有关实操和策略性的问题。

趁此机会,我要再强调一次,我自己这套方法并不是最好的,也不是没有改进的空间。事实上,你可能会在阅读本书时确定无疑地看到,我的交易计划还存在许多瑕疵。

通过详细叙述要素交易计划,我想重点表达的不是我的方法多么卓越,而是一份能涵盖所有重要部分的综合交易计划,对于获得持续成功的交易操作是必要的。交易者需要预先考虑尽可能多的交易投机过程中可能发生的情况。

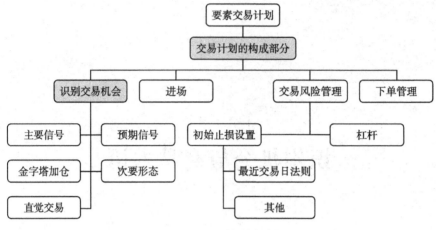

图 3-1 识别交易机会

要素交易计划以下面的假设为基础：

- 任何特定市场运行的方向不可能通过研究图表而被预测得出。
- 图表是交易工具，不是预测工具。图表可能会为交易者提供些许优势，但这种优势不应用于预测价格。
- 图表不应该用于维持某个特定市场的某个一贯的观点或者仓位。
- 不要假设下一笔交易能够获利。
- 在多半情况下，市场走不出图表结构所暗示的那种走势。
- 市场会走出大量经典形态不能解释的走势。

记住这些假设，第 3～5 章将探讨"要素交易计划"的运行机制，侧重于交易的组成部分。本章将讲解用于识别交易机会的一般性概念，并界定交易计划使用过程中的术语或者"行话"。第 4 章讲解一些利用交易计划找到的完美案例。第 5 章将讨论交易计划涉及的各种交易形态的类型和频次，并解释整个计划运行的逻辑。

识别交易机会

交易者可以有很多方法界定一笔交易。这里的要点在于：交易者必须有能力知道什么是交易信号、交易、正确时机。不论交易者采用的是机械化交易方法、主观型技术方法、基本面的供需方法，还是某种经济模型，这一点统统适用。如果不能确定市场是否提供了交易的架构，就是犯了基本性的错误。这就是为什么我建议新手先做一两年的模拟交易或者交易个小型账户，然后才真正开始。

"要素交易计划"的市场分析属于技术分析类型。技术分析研究自身的价格行为，以辨识适当的交易机会，并发出交易信号。与此相反的是，基本面分析以某一市场的供需因素为基础并考虑整体的经济形势。本书不打算深入讨论不同的市场分析方法。

"要素交易计划"所采用的技术分析方法是"主观型"方法（与很多技术派交易者采用的"机械化"系统相反）。主观型方法要求交易者要一笔交易一笔交易地做主观判断，"机械化"系统（有些人称为"黑箱"系统）依照程序设定发出精确的进场和出场指令，以消除日常的人为主观判断。

使用主观型方法是出于个人偏好，而不是出于对机械化系统有什么不满。相反，如果使用机械化系统，我个人交易中的一些令人受挫的方面或许能得到某种程度的缓解。不过一般来说，主观型方法比较符合我的个性，也符合我对于市场价格行为与动态变化的理解。

具体而言，"要素交易计划"将经典的价格形态当作所有交易决策的基础。有关价格形态理论的简单介绍，请参考第1章。

要素交易计划相关术语

任何行业或企业都有它们自己的术语，用以描述本行业内的一些概念或实操。尽管术语定义通常会出现在附录中，但是我认为本书此时给出要素交易计划的操作和策略术语是较为重要的。理解了这些术语，你才能在后面的章节中理解我对图表和交易的讲解。

术语和定义不是按照英文字母顺序排列的，而是按照在实际交易操作中发生的顺序来排列的。

交易单位

作为交易者，我把每10万美元当作一个交易单位（trading unit）。在测算风险和杠杆时，我都是考虑10万美元的整数倍。这样一来，如果我交易的是50万美元，那么我就把它当成5个交易单位。

头寸单位

头寸单位（position unit）是指合约的数量，或者说每10万美元所交易的一个头寸的规模，它决定了一笔交易的风险大小。正常而言，风险大概为总账户资金的0.6%～0.8%。相对于高杠杆下的高风险头寸，我倾向于较低杠杆下的低风险头寸。

头寸分层

通常我会在不同时间、不同价位分批建立头寸。比如，在我预期价格将来会突破时，我会考虑建立第一层头寸。如果价格实际突破时，我还开立了头寸，就认为它是第二层头寸。在价格回测突破位置，而且当时我已经处于接近零风险的位置的情况下，我会开立第三层头寸。最后，如果我还能发现金字塔加仓的机会，便会开立第四层，也是最后一层头寸。我不会在头寸亏损时加仓，仅在之前仓位盈利时才会加码。即便是个多层头寸，我在一个品种上的综合风险也不会超过整体账户资金的1%。

多层头寸的交易并不常见。

突破

我是个突破（breakout）交易者。我界定突破的方法有两个。第一，所有的形态都有边界线，正是这些边界线界定了形态的具体几何形状。有些交易者和市场分析师会画出非常精确的界线。我画的形态则较为粗糙，为了能更明确地圈定价格活动的几个图形，会有很多高点或者低点的毛刺。我画的边界线也较为粗糙。当然，也出现过这种情况，即我过早地认定了突破，而且我要为此付出代价。

爱德华兹与迈吉认为，一只股票的有效突破是价格穿越界线达3%或以上。这对于商品市场来说幅度太大了。比如，在黄金价格1000美元/盎司时，3%的突破就是30美元/盎司。

突破相当复杂，不只是穿越形态边界。所有价格形态都是由次级或者中期高点、低点组成的。形态边界就是由这些高点、低点构成的。要成为有效突破，我还要看到界定形态边界的近期高点或者低点被刺穿。要想做得最舒服，我想看到价格突破已完成形态边界的最高点或最低点。图3-2显示了英镑/美元（GBP/USD）汇率周线图的例子。

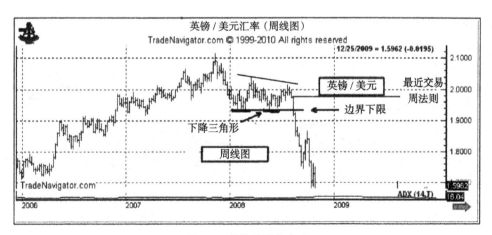

图3-2 英镑的形态突破

冰线

"冰线"(ice line)与"边界"(boundary line)的意思相同。冰线是指一旦市场穿破形态的边界,边界线就应该完美地区别开突破前和突破后的价格表现。这里冰线的意义和冬季湖里的冰层类似,冰层本来可以支撑着人,防止其掉入湖里,不过一旦人掉到冰层之下,冰层就会成为障碍。图3-3显示了英镑/美元汇率走势的冰线。图3-4则显示铂金的冰线。

图3-3 英镑的冰线

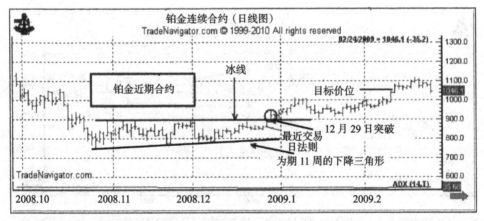

图3-4 铂金的冰线

毛刺行情

绘制形态边界线，不是个严格准确的科学活。事实上，市场根本不关心我在哪里画边界线。几何上的形态界线没有什么神奇之处。上佳的情况是，次级的或者说中期高点、低点连接之后正好提供完美的边界线，但这是例外情况，并不常见。边界线应该能圈定价格密集的成交区域，即使这可能意味着要穿越某些柱状价格线或者蜡烛线。

在某些情况下，日线图价格日内会大幅刺破边界线，又随机折返到形态内。这种价格走势被爱德华兹与迈吉称为"脱序走势"⊖（out-of-line movement）。尽管毛刺行情会对交易形成一定程度的挑战，但历史走势显示，这种行情只是一两天的烦人事件。我们没有必要因此而重新绘制形态边界线以适应这种行情。图3-5与图3-6显示了伦敦糖与纽约糖的一些毛刺走势案例。

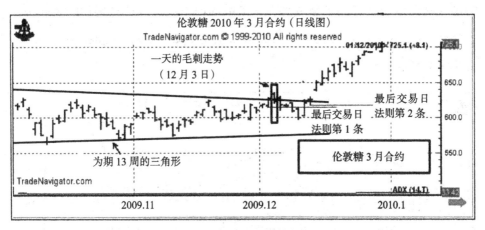

图3-5　伦敦糖的毛刺走势

⊖　国内常说"毛刺"。——译者注

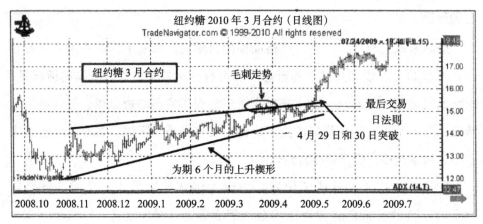

图 3-6 纽约糖 3 月合约的毛刺走势

过早突破

不同于毛刺走势,过早突破(premature breakout)是价格收盘在之前所画的边界线之外,甚至数日都维持突破状态,但之后又折返到形态内。过早的突破往往预示着真正的突破或许在未来数周内出现。我称这类后续突破为二次突破(secondary breakout)或形态重新完成(pattern recompletion)。图 3-7 显示了可可的案例。

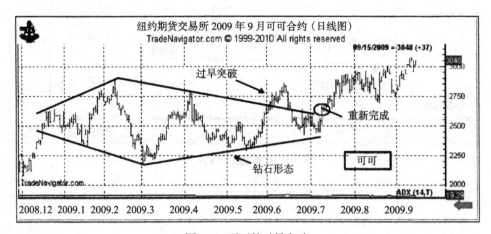

图 3-7 可可的过早突破

假突破

不同于过早突破最终会发生相同方向的真正突破，假突破（false breakout）往往会发展为更大规模的形态，或者朝相反的方向突破。有些交易者将向下的假突破称为空头陷阱（bear trap），将向上的假突破称为多头陷阱（bull trap）。这意味着，按照最初的突破信号开立头寸的交易者会被套牢在错误的方向中。图 3-8 显示了德国股票市场 DAX 股指期货的假突破。

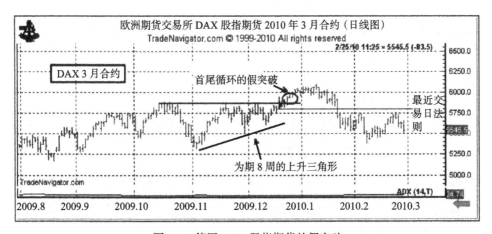

图 3-8　德国 DAX 股指期货的假突破

2009 年，一次大规模的假突破走势出现在美国股票市场上。如图 3-9 所示，标准普尔 500 股指期货 7 月完成了一个为期 9 周的头肩顶形态。日线图收盘跌破头肩顶颈线，而且维持了 5 天的突破状态，但之后突然急剧上扬。7 月 14 日，整个交易日的走势都高于头肩顶颈线，意味着空头陷阱被触发。7 月 16 日，价格强劲走高，升至右肩高点之上，发出可靠的买入信号。

突破未成真，会产生较大的交易困境。突破时开立头寸的交易者并不知道，走势重新折返至形态内，到底属于毛刺行情，还是属于过早突破或者假突破。因此，走势一旦折返至形态内，我就会放弃之前开立的头寸。

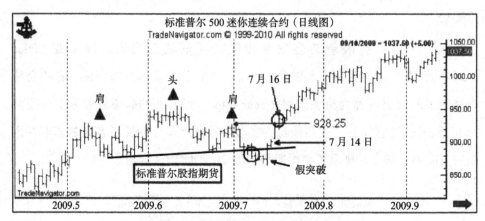

图 3-9　标准普尔指数的假突破及随后的买入信号

水平状或对角状的形态

　　我非常偏好交易能提供水平状边界的形态，比如矩形、上升三角形和头肩形等。我把这类形态称为水平状形态。我之所以认为这些是利于交易的绝佳形态，主要是因为走势刺穿形态边界往往会同时伴随着形态内部主要或者次级高点、低点的突破。如图 3-10 所示，2007 年黄金形成矩形排列。价格升破边界上沿，也突破了重要的 4 月高点，给出了牛市的行情信号。

图 3-10　黄金的水平状价格形态

与此相反的是，对角状形态的边界是倾斜的，引发了 3 个实操上的难题。

第一，我的经历是这些形态发生的假突破或者过早突破远高于水平状形态。第二，走势升破对角状形态边界可能引发，也可能不会引发小型或者大型的高低点突破。如图 3-11 所示，欧元／美元的上行倾斜趋势线在 2009 年造成了交易上的难题。

图 3-11　欧元／美元汇率（日线图）：对角状形态造成的问题

10 月底，汇价跌破趋势线，实操上的难点就变成：该重新画趋势线，还是按照趋势线假突破进行交易，这种情况后来就发生在 11 月中下旬。

第三，走势回测对角状形态边界，可能严重不利于此前开立的头寸。如图 3-12 所示，黄金突破了下降楔形排列，随后几日价格回踩，最终导致该笔交易亏损出场。

在涉及趋势线或趋势通道时，对角状形态尤其敏感。事实上，除非走势多次测试趋势线，否则正常来说，我并不把趋势线当作可靠的机会。

最近交易日法则

最近交易日法则（last day rule，LDR）是"要素交易计划"决定所开立仓位初始止损的首要方法。

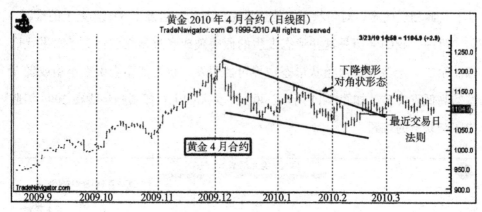

图 3-12 黄金的对角状形态

如果形态突破有效,那么逻辑上说突破当日的走势就很重要。在理想的情况下,我会在突破点建仓,将向上突破日的低点当作多单初始止损位,将向下突破的高点当作空单初始止损位。这就是"最近交易日法则"。

如果走势跳空突破边界线,或者在突破前开盘于或接近于边界线,那么我就选择前一交易日来作为最近交易日。

图 3-13 展示了一个原油的最近交易日法则实例,其止损仍然完好。事实上,最近交易日法则在有效的形态完成走势中通常能保持完好。

图 3-13 原油的最近交易日法则

图 3-14 是两个白银的最近交易日法则实例，第一个止损被触发，第二个止损未被触发。

图 3-14　白银的最近交易日法则

本书通篇实例走势的最后交易日法则都被标示成一条细线、最近交易日法则和价格。

最近交易小时法则

市场会出现这种情况，即市场突破的当日，交易区间非常大。因此，根据最近交易日法则设定的止损幅度可能超过资金管理法则所允许的 0.8% 的程度。此时，我可能选择使用更紧的止损。我不会简单地限定多大的金额，而是根据图表设定更紧的止损。

这个更紧的止损取决于形态内发生突破前 1 小时，或者 2 小时、4 小时或其他适当时间架构中出现的高点或者低点。

在理想状态下，如果利用最近交易日法则给出的风险太大，我就会利用日内图表找到一个位置，这个位置是突破前的一段上扬走势的低点或者下跌走势的低点。当然，也会有这样的情况，即根据资金管理原则设定止损。无论是根据 1 小时、2 小时、3 小时，还是任何其他日内时间框架，我都称之为最近交易小时法则（last hour rule，LHR）。图 3-15 展示了标准普尔走势中利用最近交易小时法则设定的止损，该止损最终被触发。

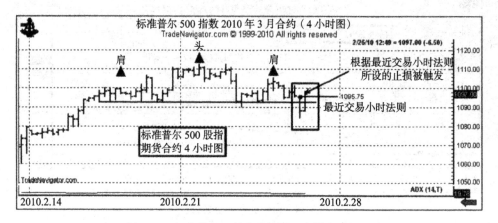

图 3-15　标准普尔 3 月合约的最近交易小时法则

最近交易日法则的思路也可用在周线图甚至是月线图上。这一有效的风险管理原则适用于任何时间周期的突破。

回测

我这些年的经验是，最好的交易突破干净利索、迅速直接，而且从不回头。事实上，我认为如果能在日线收盘时平掉还亏损的单子，那么我的交易业绩可能就会更好。我希望能那样做，以获得那样的业绩。不过，在通常情况下，走势在突破后，经常会重新折返、测试原先的形态边界，时间长达数天或一周，导致交易上的犹豫。这类回测（retest）属于正常现象，而且只要回测没有挑战冰线，交易者就不用担心。图 3-16 是个 CBOT 稻米突破走势后回测的例子，注意回测走势形成了为期 18 天的楔形。

图 3-16　稻米头肩顶形态的回测

硬性回测

硬性回测（hard retest）是指走势折返进入先前突破的价格形态。虽然硬性回测可能挑战交易者的耐心，但并不意味着先前的价格形态已经失败。

多年来，我经常被问到一个问题：形态突破时不马上建立头寸，等待价格回测时才建立头寸，是不是更明智？我的答案是"不"。让我们从逻辑上思考一下这个问题。突破时不进场，交易者就是在错失那些突破后干净利索地朝突破方向运行的交易，而这些恰好是最好的机会。回测形态的市场，比不回测形态的市场更容易失败。图 3-17 显示的美元/加元汇率走势就是个硬性回测的案例。

回测失败法则

走势硬性回测形态，使得我将硬性回测高点或低点当作新的保护性止损位，这样就能调整止损。假设初始止损是根据最近交易日法则设置的，那么走势出现硬性回测，我就能在做空时将止损调整至硬性回测走势的高点之上，在做多时将止损调整至硬性回测走势的低点之下。图 3-18 是 2010 年 11 月大豆合约的走势，体现了这种想法。请注意为期12周的三角形形态在11月13日当周向上突破（A点），12月25日出现硬性回测（B点），根据硬性回测，最低价的止损在1月15日被触发（C点）。

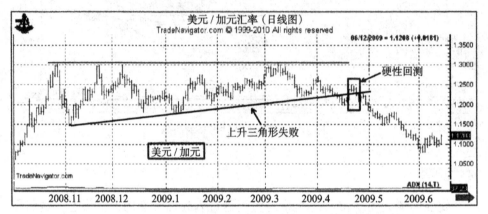

图3-17　美元/加元汇率（日线图）：硬性回测

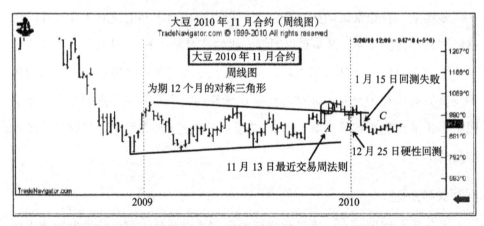

图3-18　大豆2010年11月合约（周线图）：回测失败法则

目标价位

每个形态都隐含一段走势的潜在幅度大小。一般形态完成之后的最小运行幅度应该等于形态自身的高度,当然也有例外,且较为复杂。在几乎绝大多数情况下,当市场能完成其目标时,我都能有所斩获(全部或部分)。如图3-19所示,糖走势的目标价位是基于以下原则设定的,即$C \sim D$的距离应该等于$A \sim B$的距离。图3-20则显示了同样的理念,英镑/美元汇率的上升三角形的目标价位是以$C \sim D$的距离应该等于$A \sim B$的距离为原则得来的。

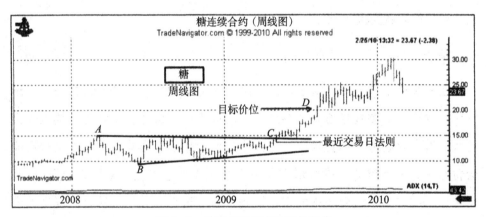

图3-19 糖三角形形态的目标价位

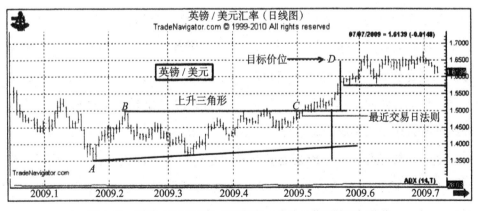

图3-20 英镑/美元汇率(日线图):上升三角形的目标价位

我还用另外两种方法来确定价格目标。第一种是技术上的波段目标法

（swing objectives），即走势的上涨或者下跌波段往往相同。

我偶尔还会采用点数图计算更长期的目标。点数图衡量一段整理行情之后的趋势运行幅度，跟时间无关。我每年会利用几次点数图，因为此时我认为震荡走势（通常是个大型底或者顶）会产生一段趋势，且幅度会远超过形态目标所能给出的幅度。

特别注意：任何市场都不能保证能达到目标。交易者要警惕，市场可能在达到目标前就失去了动能。

中间形态与加仓

在一段持续的趋势行情中，市场会频繁地停顿。这些停顿行情往往会形成更小的独立的整理形态。这些形态可能成为中继形态，意味着市场将来会再次沿着主要趋势方向猛攻；也可能形成反转形态，意味着之前的趋势可能会暂时中止或者终止。中继形态既提供金字塔加仓机会，也可以收紧止损。反转形态则提供了避免原来的仓位回到原点的机会，我称这种得而复失的走势为"过山车"走势。

我作为交易者，对中继形态的感觉好坏参半，这取决于它在主要趋势运行中所持续的时间长短。长时间的趋势停顿（譬如三四周）可能会磨光我的耐心。我更喜欢看到主要趋势内更短时间的停顿，尤其当进入停顿的走势较为强劲，形成三角旗形的形态时。图3-21和图3-22分别显示了澳元/美元汇率周线图与日线图的中继形态整理。

主要趋势运行中的中继形态让我有机会朝盈利方向调整头寸的止损。中继形态在完成突破时会有其自身的最近交易日法则。此时，我可能选择将保护性止损从最初的最近交易日法则移至中继形态形成的最近交易日法则处。

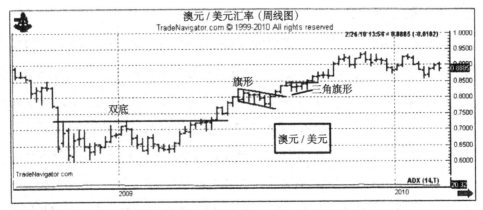

图 3-21　澳元/美元汇率（周线图）的中继形态

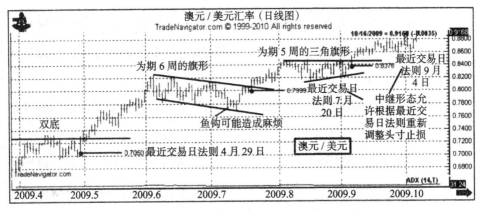

图 3-22　澳元/美元汇率（日线图）的中继形态

当然，在主要趋势运行中，也可能形成反转形态，这意味着走势在完成预定目标前要反转趋势方向。此时我也会调整止损。

如本书之前讨论的那样，在达到目标价位前就获利了结对于交易者来说是非常具有挑战性的。我交易的这一方面可能还需要随着时间的推移而不断完善。不幸的是，我的思维总是被最近的几笔交易影响。这种优化的思维方式就像狗追自己的尾巴一样——永远咬不到。

追踪性止损法则⊖

在我的交易生涯中，有一段时间我从来不移动根据最近交易日法则设置的止损。市场要么达到我的目标，要么让我在最近交易日法则的止损处出场。

这种策略有一个内在的风险管理问题。比如说，在某笔交易中，我每10万美元承担800美元的风险，而每个交易单位的盈利目标是3200美元。此时的风险收益比就是4∶1。接下来，假设这笔交易进展顺利，走到使我浮盈2400美元的位置。这意味着还有800美元我就要结利了结了。此时，如果不调整止损，仍然在原来的位置，就相当于冒着3200美元的风险，以期获得接下来的800美元。

这是错误的资金管理，因此我不得不提出一些方法，调整我的风险和回报参数。为了方便说明，我就不花时间和篇幅讨论基于美元金额和百分比回撤的追踪止损的方法了。

我总结了一个想法，即"追踪性止损法则"（trailing stop rule）。这套法则需要3个交易日的走势来执行：新高（新低）日、设置日与触发日。

图3-23显示了道琼斯工业指数多头运用追踪性止损法则的情况。退出策略的第一步是识别这段走势的最高点。当然，这个最高点会随着行情的运行而变化。道指的高点在8月28日。哪一天收盘低于高点所在交易日的低点，哪一天就是设置日。具体到道指上就是8月31日。设置日的低点被刺穿，就会触发出场规则。具体到道指上，这个时间就是9月1日。

我想强调的是：追踪性止损法则并没有显著的技术重要性，简单地说，这主要是一种防止仓位盈亏过山车的方法。如图3-24所示，英镑/美元汇率的价格形态完成之后，几乎马上就开始利用追踪性止损法则。

⊖ 也叫"随市止损"，后文中两种说法意思一致。——译者注

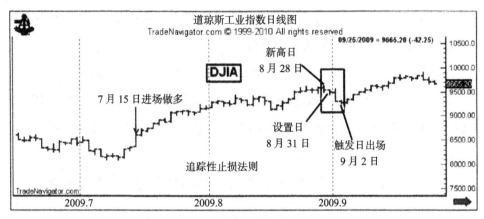

图 3-23　道琼斯工业指数的追踪性止损法则

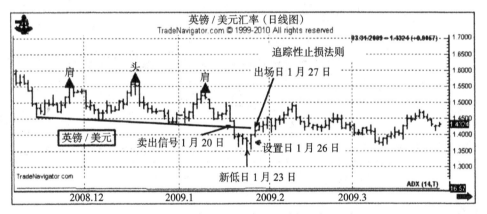

图 3-24　英镑/美元汇率的追踪性止损法则

周末法则

我经常引用理查德·唐奇安的周末法则（weekend rule）以增加杠杆。唐奇安被公认为管理型期货行业的开创者，形成了一套期货资金管理的系统性方法。他的职业交易生涯一直致力于提倡更加保守的期货交易的方法。唐吉安于 20 世纪 90 年代初期过世。

周末法则可以做这样的基础性描述：周五若明确地创新高或新低，那么下周一或周二很可能延续这个方向。周末法则背后的原因是：周五创下明确的新高或者新低意味着主要玩家愿意周末持仓。

如果碰到长周末（3天或以上的连续假期），周末法则更适用。

对我来说，如果形态（尤其是周线图形态）突破发生在周五，那么周末法则就尤为重要和有用。这时，我可能将风险从总账户资金的0.6%～0.8%提升至1%～2%。

图3-25与图3-26展示了糖2009年多头市场的向上突破（都在周末）。

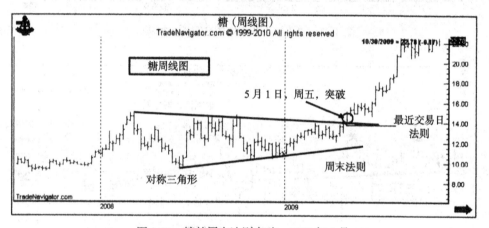

图3-25　糖的周末法则突破，2009年5月

图3-26　糖的周末法则突破，2009年12月

单边行情

我最喜欢的趋势类型是单边的市场行情。这类行情在强趋势中比较常见。以下两个例子显示这类急涨与急跌的走势。

图 3-27 的豆油 3 月合约展示了这种行情的第一种类型，即趋势由一系列更低的高点组成（上涨中由一系列更高的低点组成）。在此例中，连续 18 天出现更低的高点。几乎可以说，4 周的低点都是下降的，很可能超过交易者对这段趋势的预期，但关键是强趋势就能这么持续下去了。

图 3-27　豆油的持续性走势

图 3-28 中黄金的走势是这类行情的第二种类型，即日内走势可能刺破前一交易日的低点，但是 10 月 29 日～12 月 4 日从未收盘在前一交易日低点之下。

形态重新完成

我在前面跟大家曾谈及过早突破。过早突破意味着随后将有真突破发生。我将二次突破当作形态的重新完成。图 3-29 是这种情况的一个极端例子。7 月，美元/日元汇率完成头肩顶形态。8 月初重新进入该形态内后，8 月 27

日形态重新完成。然后，市场趋势运行的目标为 86.20。在风险管理方面，我利用二次完成形态的最近交易日法则将止损设置于 94.58（8 月 2 日的高点）。一般来说，每个大型形态我都会尝试一次形态重新完成。此后，我会重新寻找其他交易对象。

图 3-28　黄金的强劲涨势

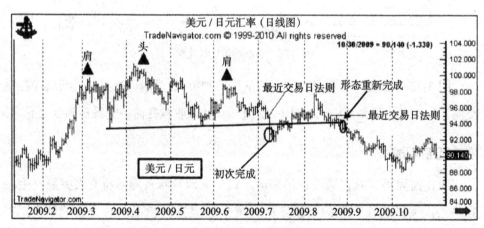

图 3-29　美元/日元汇率形态重新完成

如果在特定市场连亏几笔，主观型交易者就很容易变得烦躁，认为市场欠了他一些东西。这是一种很不好的心智状态。强迫自己从同一市场把亏损赚回来，是一种非常危险的操作。我每年都会在这种死循环里至少走一回。我得不断提醒自己，其他市场和其他时间还有机会。

本章要点

- 交易需要依赖一套系统的方法以制定重要的决策，比如在哪个市场交易？什么时候进场？如何设定止损？如何出场？要用多大的杠杆？
- 交易计划必须基于以下关键的假设：任何人都不可能在任何时间确定地知道任一特定市场将朝哪个方向运行。
- 经典形态理论可以作为交易计划的构建基础。
- 成功的交易计划必须能清晰地界定市场行为与交易行为。

| 第 4 章 |

完美的价格形态

我所使用的技术方法是以技术分析中的一个分支,即传统形态(请参考第 1 章)为基础的。具体而言,我寻找可识别的几何形态,以识别交易机会。进一步而言,我会选择符合以下标准的交易机会:

- 对于主要趋势而言,在周线图和日线图上形成为期至少 10～12 周的中继或者反转形态(日线图与周线图呈现的几何形态可以稍微不同)。
- 对于次级趋势而言,在日线图上形成为期至少 4～8 周的中继形态。
- 对于次级趋势而言,在日线图上形成为期至少 6～10 周的反转形态。
- 对于周线图发起的趋势表现下的加仓机会,日线图上出现为期 1～4 周的短暂价格停顿走势(所谓的旗形或三角旗形排列)。

第 5 章将更详细地讨论理解形态形成所用时间长度这一整体观点的重要性及它对要素交易计划很重要的原因。

银行要先研究真钞,才能辨别伪钞;与此相同,我们要展示要素交易计划下真实形态的案例。接下来，我从 2008～2009 年的实际案例中挑选了一些最标准、最完美的价格形态。

在此，我要强调的是：事后看到这些形态很简单。但是图表交易者面对的挑战是在盘中就要识别出这些图表形态。不过不论怎么说，分析一些好实例总是个好的开始。

正如我在本书其他地方所指出的那样，这里展示的形态的类型并不是我日常交易的——我当然希望我交易了这些单子。你会在本书第三篇看到很多我犯的错误，以及我表现出的不耐心。然而，眼下我还是要向你展现一些完美的例子。

头肩顶反转形态（铜）

如图 4-1 所示，2008 年 8 月初铜完成了一个为期 6 个月的头肩顶形态，8 月底价格回测颈线。在有效的形态下，回测颈线的走势不大可能重新穿越已完成形态的边界线。在正常情况下，边界就像"冰线"阻止价格重新进入已经完成的价格形态。请注意，回测并未触发根据最近交易日法则设置的 8 月 4 日形态完成时的止损。

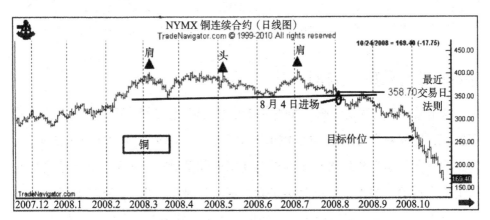

图 4-1　铜：5 年多头行情末端的头肩顶形态

类似这样的形态，会磨光多次进场但在趋势之后才开始发动的交易者的耐心。预期形态要完成的交易者可能要多次"割肉"，等到趋势真正出来，却不敢再进场了。这是我的经验之谈。

上升楔形反转形态（澳元/美元）

2008年8月初，澳元/美元汇率完成了一个长达12个月的上升楔形反转（见图4-2）。一般来说，上升楔形之后的下跌会非常剧烈，但是下降楔形突破后会有回测，经过一段时间后，新趋势才能开始运行。

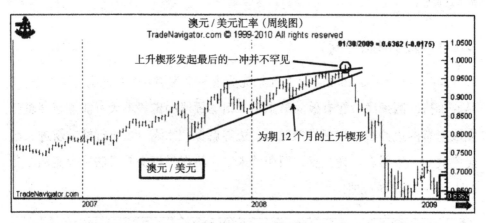

图4-2　澳元/美元汇率（周线图）：为期12个月的上升楔形，随后出现暴跌走势

中继楔形与双顶（豆油）

这个品种有两张走势图。2008年3月豆油筑顶，3月下跌后，市场进入振荡上行，形成一个为期15周的楔形形态，形态完成于7月21日（见图4-3）。仔细观察，你会发现楔形形态的最后8周形成了对称三角形。大型形态的突破由更小型的形态发动，这是很正常的现象。因此，我寻找的交易信号之一就是更小型的形态，它可以为更大型形态的突破预先布局仓位提供参考。

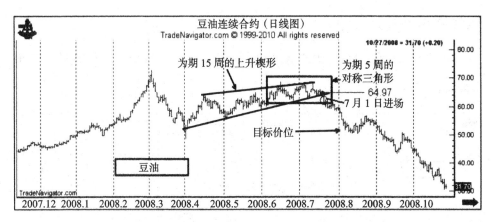

图 4-3　豆油：为期 15 周的上升楔形形态，最终是为期 8 周的三角形形态

9 月 5 日，价格刺破 4 月初的低点，完成相当庞大的双顶形态（请参考图 4-4）。请注意 9 月底的回测，这次上涨并未穿越冰线。突破当日，已完成的形态内的价格波动不大，我要用突破前的交易日设置最近交易日止损。突破日是 9 月 5 日，根据最近交易日法则设置的止损就是 9 月 4 日的高价。32 美分的目标价位于 10 月底达到。

图 4-4　豆油：为期 7 个月的双顶形态，导致价格大跌

底部三角形反转（糖）

如图 4-5 所示，糖于 2007 年 12 月底完成了一个为期 6 个月的对称三角形底部。

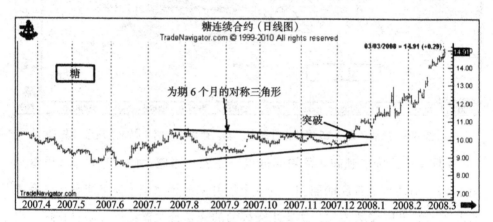

图 4-5　糖：为期 6 个月的典型对称三角形形态

中继形态与加仓（美元／加元）

美元／加元汇率从 2008 年开始出现了两类形态（见图 4-6）。8 月初的上涨完成了一个为期 7 个月的上升三角形形态。该货币对于 8 月底回测突破位，

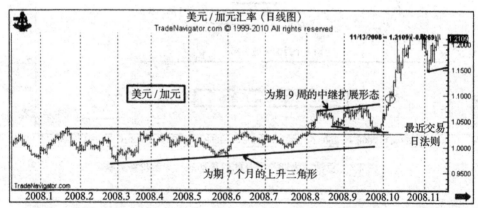

图 4-6　美元／加元汇率（日线图）：为期 7 个月的上升三角形形态引发的主要涨势

9月后期再次回测让我减仓。然而，即使是第二次回测，价格也未能刺破已完成的三角形形态。10月第二周的上涨完成了一个为期9周的中继扩展形态，提供了加仓机会。

头部反转（白银）

白银市场不适合心脏脆弱的人。这个市场可能会有很多假趋势，之后才能走出真正的趋势行情，以奖励能坚持下来的交易者。请注意3月形成的小型的为期3周的双顶。正常而言，我不会交易持续时间这么短的反转形态。白银在4～6月寻获一条支撑线，之后才启动上涨。这次上涨达到4月和5月的高点之上，令我举手无措。

7月11日，我认定价格行为是个为期3个多月的圆弧底，并且做多。事实上这是个多头陷阱。市场迅速反转，并且在8月初完成了一个为期6个月的破败顶部形态（见图4-7）。市场在完成形态之前，会挖个多头或者空头陷阱，再发动强趋势。因为真正的行情之前的陷阱将牢牢套住交易者，让他们不能轻易解套。

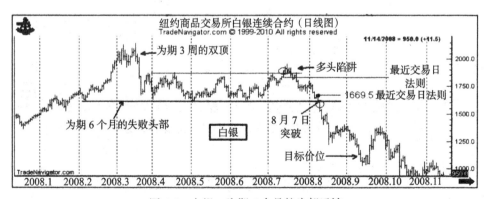

图4-7　白银：为期6个月的头部反转

这就是这张图的教训。3月底～7月初，交易者若涨势买入、跌势卖出，希望持有几天，那市场将重重地惩罚他们。这段时间的震荡行情让我在交易日不敢再下手。对图形交易者而言，在 8 月 7 日突破时去做空可能会非常困难。然后，尽管看起来严重超卖，但是 8 月 7 日的做空是图上最有盈利潜力的走势。情绪上最难以执行的交易可能是最有盈利潜力的交易。

头肩顶中继形态（罗素 1000 股价指数）

在 2008 年股票市场崩盘期间，罗素 1000 股价指数形成一个为期 8 个月的头肩顶中继形态（见图 4-8）。我见到一些图形交易者在识别许多形态时过于随意。头肩形态的规则之一是右肩和左肩必须有所重叠。9 月中旬，价格突破颈线，情况非常诡异，因为走势很快运行到颈线之上。起初的突破是过早突破。9 月下旬的突破才是真突破，市场于 11 月达到目标价位，并最终于 2009 年 3 月筑底。请注意，为期 8 个月的头肩顶的头部是个为期 5 周的头肩形。

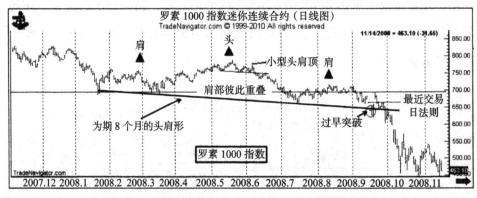

图 4-8 2008 年年底，头肩顶形态导致股票市场崩盘

什么情况下的头肩形态无效

我经常被美国全国广播公司财经频道（CNBC）或其他财经媒体

的形态解释逗笑。"专家"最爱拿出来批评的形态之一就是经典的头肩形态。一般来说，真正的头肩顶或头肩底必须符合三个特点：

（1）记住，头肩形经常是反转形态，要使头肩形有效，就必须得有可供反转的趋势。

（2）左肩与右肩必须有彼此重叠的部分，而且重叠的部分越多越好。若左右肩无重叠，那就不存在头肩形态。

（3）要使头肩形有效，那么左右肩在持续时间和运行幅度方面应较为对称。

最后一点：我非常喜欢水平的颈线或者朝突破方向倾斜的颈线。我不喜欢头肩顶中颈线上倾及头肩底中颈线下倾。

矩形整理（堪萨斯小麦）

经过2008年3～5月的强熊市后，小麦市场出现了一个为期14周的矩形整理。2008年9月中旬，这个矩形整理形态完成，之后出现一波弱势反弹，回测冰线。走势于12月初达到目标价位。该矩形分别体现在周线图和日线图（见图4-9与图4-10）中。

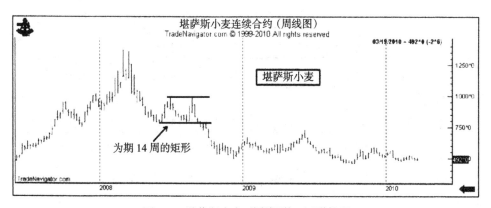

图4-9　堪萨斯小麦（周线图）：矩形整理

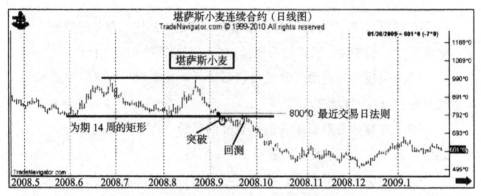

图 4-10　堪萨斯小麦（日线图）：矩形整理的对应走势

矩形整理与三角形整理加仓（原油）

原油终结于 2008 年的历史性上涨走势曾经创造了一些交易机会。2 月的上涨完成了一个为期 4 个月的矩形整理。3 月初出现硬性回测，但从未收盘于矩形冰线下方。这段回测形成了一个为期 3 周的三角形整理形态，提供了金字塔加仓机会。最终目标完成于 5 月初（见图 4-11）。

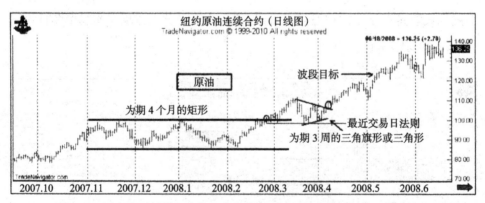

图 4-11　原油（日线图）：为期 4 个月的矩形整理和为期 3 周的三角形整理

尽管事后看，矩形整理的突破干净利索，但是当时因为 3 月底的硬性回测而极难把握。

头肩顶整理（道琼斯公用事业指数）

图 4-12 展示的是道琼斯公用事业指数在 2008 年大熊市期间于 7 月形成的一个为期 3 个月的顶部形态（内部还有一个双重顶）。

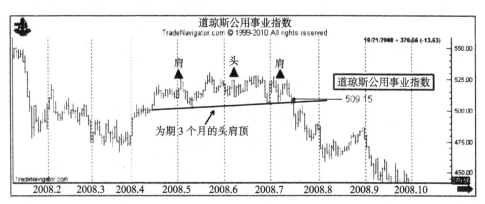

图 4-12 道琼斯公用事业指数：为期 3 个月的头肩顶整理引发一波跌势

三角形整理、M 头、旗形整理（欧元／美元）

接下来是 3 张欧元／美元汇率的走势图。

在较长的一段多头趋势的末段形成一个三角形，并不多稀奇。通常，这些末尾阶段的三角形形态包括 6 个点，这与趋势中部的三角形形态只有 4 个点是不同的，比如堪萨斯小麦（见图 4-10）。欧元／美元汇率周线图上的中继三角形很快达到了目标（见图 4-13）。请注意日线图上三角形的 6 个点（见图 4-14）。然后，市场形成了一个为期 5 个月的 M 头（见图 4-15）。欧元／美元汇率的新空头趋势形成了 9 月的一个为期 10 天的旗形。短期形态诸如旗形或者三角旗形通常能提供较好的金字塔加仓机会。

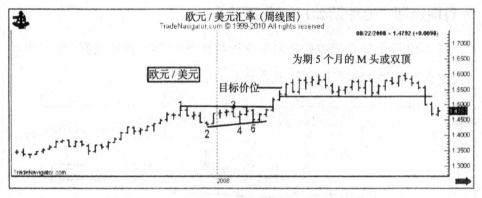

图 4-13　欧元 / 美元汇率（周线图）：三角形与 M 头

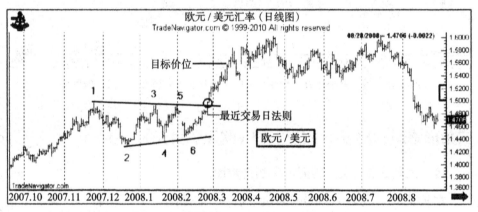

图 4-14　欧元 / 美元汇率（日线图）：2008 年年初为期 3 个月的三角形整理

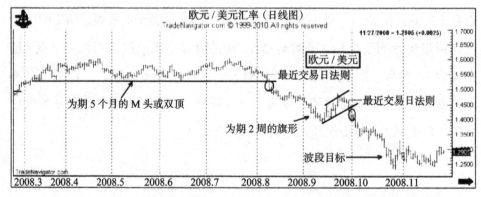

图 4-15　欧元 / 美元汇率（日线图）：为期 5 个月的双重顶与为期 2 周的旗形

头肩顶与三个中继形态（英镑／日元）

英镑／日元汇率的周线图在 2008 年出现多个形态——一个大型的反转顶部形态、3 个熊市中继形态。图 4-16 展示了这些形态。1 月初，市场完成了一个长达 13 个月的头肩顶。1～2 月，市场完成了一个为期 5 周的三角形，这个形态用于增加杠杆（也就是金字塔加仓）。从 3 月的低点至 7 月初的高点，形成了一个中继的上涨楔形。作为从 2008 年 7 月的高点至 2009 年的低点这一大型下跌走势的一部分，市场形成了一个为期 4 周的旗形，也是空单金字塔加仓的好机会。日线图上的这 3 个中继形态体现在图 4-17 中。

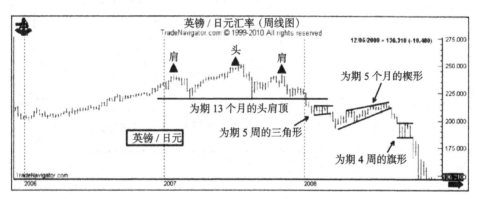

图 4-16　英镑／日元汇率（周线图）：教科书般的空头市场

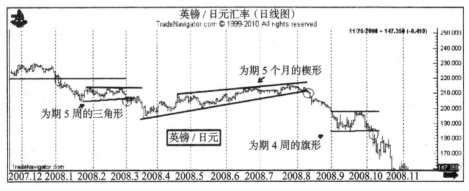

图 4-17　英镑／日元汇率（日线图）：一系列空头市场形态

对称三角形反转（澳元／日元）

如图 4-18 所示，澳元／日元汇率周线图上一个为期 14 个月的对称三角形头部形态完成于 2008 年 9 月。请再次注意，形态完成两周以后，出现了一次回测。就像我们之前经常提到的，有效的突破出现以后，市场不能重新回到冰线之内。这是大型形态完成的常见表现。图 4-19 体现了这些情况。

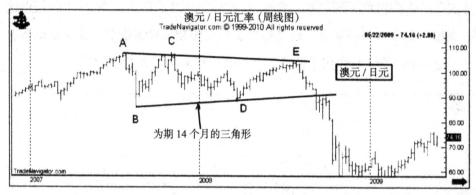

图 4-18　澳元／日元汇率（周线图）：为期 14 个月的对称三角形

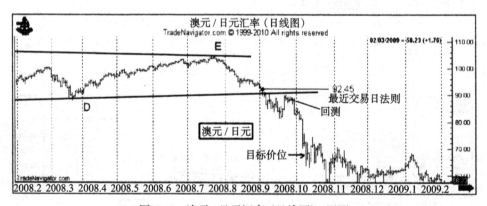

图 4-19　澳元／日元汇率（日线图）：回测

还有一点值得注意。澳元／日元汇率筑顶用了 18 个月，然后经历了一个小型回测，但整体的下跌走势只用了短短的数周即完成。事实上，9 月底的回测大型跌势也只在数日之间完成。要等待 18 个月完成形态，结果走势不用数周就完成了，这是个非常磨人的交易教训。

两种整理形态（英镑/瑞士法郎）

2008 年英镑/瑞士法郎汇率的熊市表现提供了两个绝佳的中继形态案例（见图 4-20）。第一个是为期 7 个月的圆弧顶，10 月初发生了过早突破，价格一度反弹到冰线之上，到 10 月底才发生真正的突破。圆弧顶并不提供干净利索的突破。为期 8 周的下降三角形于 12 月中旬完成。

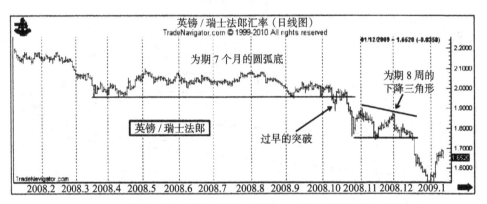

图 4-20　英镑/瑞士法郎汇率（日线图）：为期 8 周的下降三角形

三角形与楔形整理（糖）

"要素交易计划"在 2009 年的获利的很大一部分来自糖的交易。如图 4-21 所示，周线图上出现了一个为期 14 个月的对称三角形，该形态完成于 5 月 1 日。这个形态触发了糖市场 28 年来的最大价格波动。图 4-22 展示了糖 2009 年 10 月合约的日线走势情况。通过日线图可以发现，一个为期 6 个月的上升楔形同时完成于 5 月 1 日。

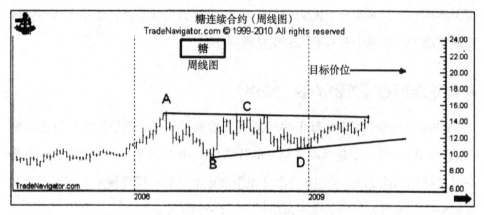

图 4-21　糖（周线图）：对称三角形整理

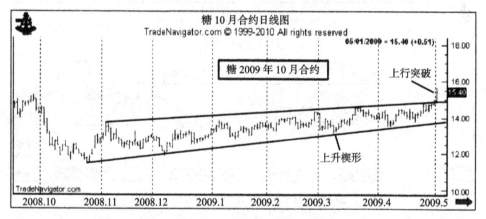

图 4-22　糖 10 月合约（日线图）：为期 6 个月的楔形整理

适用于股票市场的经典形态分析将上涨楔形看作熊市形态。然而，这个上涨楔形内的上涨走势其实在外汇和商品市场也不小。我将这类形态归类为上涨楔形形态。

头肩底（苹果电脑）

图 4-23 是本书唯一的一张股票走势图。苹果电脑于 3 月 23 日完成了一个日线图上的大型头肩底。请注意，走势于 3 月 30 日回测了冰线，但是并未

触发根据最近交易日法则设置的止损。

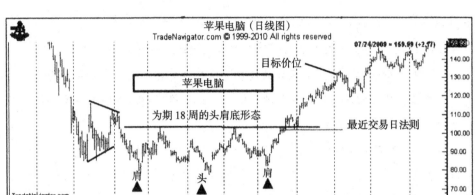

图 4-23　苹果电脑（日线图）：完美的头肩底形态

头肩底与对称三角形（黄金）

这一市场呈现了 3 个较佳的形态案例。图 4-24 展示了周线图上出现的一个为期 18 个月的反向的头肩形。正如之前提到的，最低目标为 1340 左右，截至本书截稿，仍未达到。当然了，没有规定说这个目标一定得达到。图表形态经常达不到目标。

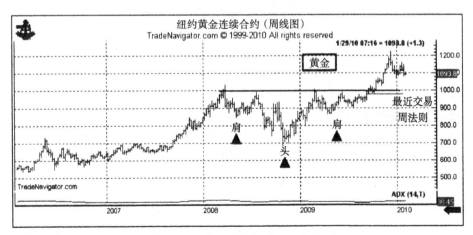

图 4-24　黄金（周线图）：头肩底

技术分析领域对这个形态多少有一些争论。我非常尊重的一家著名的艾略特波浪研究机构认为，把这个形态认作反向的中继头肩形就是个笑话。不过爱德华兹与迈吉在《股市趋势技术分析》一书中明确提到：

> 有时候价格会经历一系列的波动，这些波动会形成一种反向头肩形的走势，从而构成对之前趋势的中继……上涨趋势中形成的这些形态之一采用的就是头肩形的形式。

如图 4-25 所示，周线图头肩形的右肩体现在日线图上是个为期 6 个月的对称三角形。另外需要注意的是，三角形于 9 月初完成之后，曾经有个短暂的停顿。这些类型的小型形态在金字塔加仓时非常有用。这一小型形态也使得我将保护性止损从最初的根据最近交易日法则设置调整至根据为期 5 周的中继形态的最近交易日法则设置。

图 4-25　黄金（日线图）：大型对称三角形形态与小型失败头肩顶形态

一系列看涨形态（铜）

图 4-26 展示了一系列表现不错的 2009 年 3～12 月铜牛市的中继形态。请注意，每个形态根据最近交易日法则设置的止损都未被挑战，虽然这种震荡式的上涨有点让人神经紧张。一般而言，需求推动的牛市会出现上下反复，供应短缺推动的多头行情更加猛烈。大多数熊市也相当猛烈，只需要一半的

时间就能跌完之前上涨的幅度。

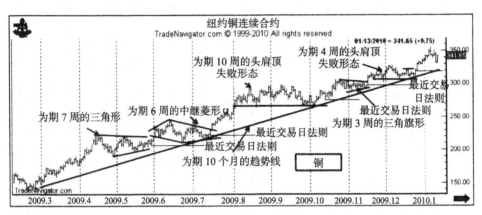

图4-26　铜（日线图）：一系列多头整理行情

失败的上升三角形（美元／加元）

直角三角形往往会突破水平边界线。事实上，突破水平冰线也是最被期待的。然而，有时直角三角形也会突破斜线边界（见图4-27）。

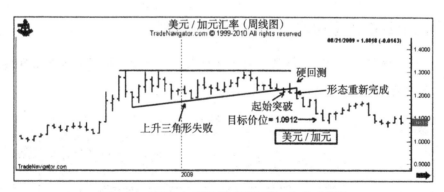

图4-27　美元／加元汇率（周线图）：上升三角形

美元／加元汇率为期7个月的上升三角形具有看涨倾向。如图4-28所示，下方边界在4月中旬受到挑战。然而，即使当时，我的观点仍然是，只是重新界定下方边界，角度变低而已，向上的突破要延迟了。虽然这样想，但是我仍然在 4 月 14 日进了空单，然后在根据最近交易日法则设置的 4 月 13 日高点的上方位置止损出场。

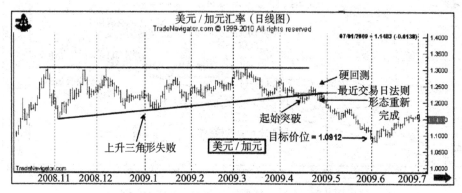

图 4-28　美元 / 加元汇率（日线图）：令人伤脑筋的突破

4 月 29～30 日的下跌确认了上升三角形的失败，最低目标指向 1.09，该目标于 6 月初达到。该市场展现了这样一种表现，即形态起初倾向于某个方向，也会在随后给出另外一个方向的信号。

为期 12 周的矩形整理（道琼斯运输指数）

一个为期 12 周的矩形整理完成于 7 月底。请注意，根据最近交易日法则设置的 7 月 23 日低点的止损从未被挑战（见图 4-29）。

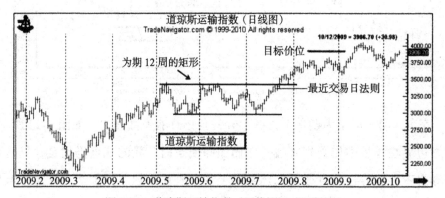

图 4-29　道琼斯运输指数（日线图）：矩形整理

罕见的牛角状形态（布伦特原油）

如图4-30所示，牛角底部形态（horn bottom）是先有一个大型底部，然后出现两个抬升的低点和高点，如同向上翘的牛角。这种形态有一个重要要求，就是两段上涨要有重叠部分。爱德华兹与迈吉提到过这种形态。沙巴克将它当作经典形态之一。我经常把牛角状形态当作"倾斜底部形态"（sloping bottom）。

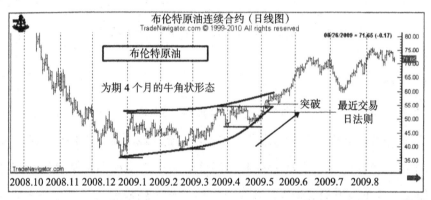

图4-30 布伦特原油连续合约（日线图）：向上倾斜的底部形态

5月初升破4月高点，发出买入信号。请注意，根据最近交易日法则设置的止损未被触发。

头肩底引发2009年的多头行情（标准普尔指数）

股票市场从2009年3月低点上涨以来，我是看空的。尽管我也看到了图4-31呈现的大型头肩底，但是我认为它不可信。我在2009年的上涨中虽然也偶尔做多，但是并不愿接受头肩底给出的提示。头肩底形态的目标1252在2010年4月接近达到。

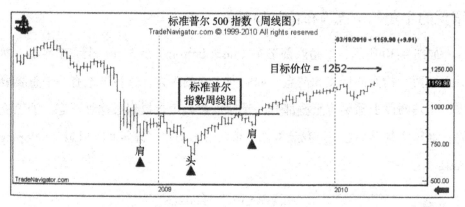

图 4-31　标准普尔 500 指数（周线图）：头肩底形态

本章小结

本章列举的图表是经典图表形态的教科书级案例。我称之为"最佳表现清单"——这些图表形态（走成了大型趋势）最好地展示了价格形态的构成。

每年年末核算时，我的净盈利大部分依赖于正确识别和交易了大部分的"最佳表现清单"里的好形态。事实上，我这些年的最大盈利来自与本章列举的形态类似的市场走势。在真实的交易环境中，这些大型形态事后更容易被识别出来。我梦想只交易这些走势。不过梦想是梦想，现实是现实。在现实中，我交易的许多形态并不很理想。可能有些作者能创造出现实的或者理论上的图表形态，表明他只交易这些形态。但我首先是个交易者，而不是作者，而且我承认，在我捕捉这些完美形态过程中，我的亏损并不少。

本章要点

- 对交易者而言有一点很重要，即要清晰地知道理想的交易都是由哪些因素构成的。
- 好的形态交易不是每天都有，形态需要花费数周、数月才能形成。

- 培养自己的耐心，等待市场自己出来宣示它是个目标市场，而不是自己幻想这个市场就是你的交易标的。作为交易者，我积极追求完善，但不奢望完美。
- 尽管形态交易者通常会迫不及待地进场交易，但只有市场才能做到清晰地显示适当的进场时机。

| 第 5 章 |

要素交易计划的运作方式

现在是时候讨论要素交易计划的"硬核"了。图 5-1 展示了要素交易计划的 4 个主要组成部分,包括:识别交易机会、进场、交易风险管理与下单管理。本章会对每个部分进行详尽的说明。

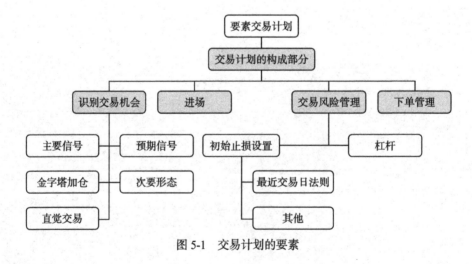

图 5-1　交易计划的要素

识别交易机会

过去我只是想成为交易者,之后我才知道我要成为形态交易者。交易是我交易生涯所做的事情,属于"what"的部分;成为形态交易者关于"怎样"交易,属于"how"的部分。我进入商品领域后,我的目标是通过交易赚钱。事实上,我当时并不知道这到底意味着什么。

当我的交易生涯走到我开始找对自己的方法时,形态交易对我意义重大。它给我提供了一些独一无二的好处,这些在我尝试的其他方法中都没有体现,它们包括:

- 一套理解市场趋势的方法。
- 市场方向的迹象。
- 时机工具。
- 判断风险的方法。
- 现实可行的结利目标。

然而,我很快就发现,分析形态和时机交易形态之间尚存在巨大的差异。要感激的是,罗伯特·爱德华兹和约翰·迈吉的《股市趋势技术分析》对形态实际操作提供了一些建议。不过,其中一个难题的答案没在书里。这个问题是:开始记录形态时,我发现到处都是形态。我需要更好地界定我到底要从形态中找寻什么,才能达到交易的目的。所有经典形态对我都同样重要吗?是否存在某些形态更适合我的个性、风险承受能力和资金水平?

形态运行时间的实际问题

通过事后观察,我现在意识到,我当时纠结的两难困境可以归因于时间周期。所有严肃的形态交易者都会遇到两个现实问题。

第一，事后识别形态相当容易。各类交易顾问机构的营销性资金包装了这些经典形态，炫耀它们当时是如何交易某一市场的，不过是事后。我是实时交易的，事后清晰的形态在实时交易中未必清晰。形态结构是不断演化的。最终提供一段盈利的趋势行情的形态可能由几个更小型的形态构成，而这些小型形态并未真正走出其暗示的行情。进一步说，在出现真正的大行情之前，会有许多假的启动行情。

第二个相关的现实问题是，许多当时看起来清晰的形态未能发动一波走势，而是演化成更大的形态的一部分。

因为随着时间推移要重新界定形态结构，所以有一点对交易者非常关键，即弄清楚决定潜在交易的时间周期。如果一位交易者告诉我，他看涨某个市场，我会问他是否会做多，在哪个位置，目标价位是什么，时间周期如何，以及他在什么位置承认自己错了。只说看涨或者看跌本身毫无意义。

黄豆"大行情"的故事

在加入芝加哥期货交易所的第一年，我和一位大豆交易池的交易员成为好友。他住在埃文斯顿的豪宅中，开着德国豪车，言谈举止都显示出成功人士的派头（事实上他也确实是成功的）。一天下午他告诉我他很看涨大豆，当时价格运行在 5.40 美元。他说，他已经持有一个重仓。于是我观察了几天。价格升至 5.60 美元，我跳进市场做多一手，但是价格在下一周跌至 5.40 美元。亏损之后，我找到那位交易池的朋友，内心还想求几句鼓励的话，问他是怎么想的。他告诉我：我赚了点钱，这难道不是大行情吗？

事后才知道，我的这位朋友是个短线交易者，很少持有仓位超过 10 分钟。他不会隔夜持仓。对他来说，2 美分、3 美分的行情就是他的捕捉目标。他之前跟我说看涨大豆的时候，意思是指大豆可能在一两天之内会有10美分的行情，所以愿意隔夜持仓以实现利润。不过这些都是他后来解释给我说的。

所以到最后，我学到了很棒的一课。多头或者空头的说法，不加上时间周期或者相关的价格水平，是毫无意义的。

时间周期的案例：英镑/美元汇率

4幅英镑/美元汇率走势图展示了时间周期因素的重要性和影响。

图5-2是英镑/美元汇率2009年6月～2010年3月的周线图。这幅图显示的主要走势是2009年上半年的上涨，2009年5月底至2010年2月期间形成的双顶，以及形成于这个双顶的空头趋势。在图5-2里，还有两个次要形态，即完成于2009年9月底但最终失败的为期19周的头肩顶形态，以及为期17周的中继三角形，该形态于2010年2月初突破，完成了大型双顶形态。

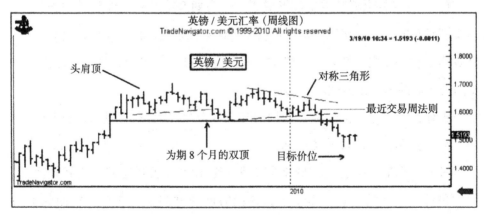

图5-2 英镑/美元汇率（周线图）（2009年6月～2010年3月）：双重顶

图5-3是英镑/美元汇率日线图上2009年4月～2010年3月11个月间的走势，对应如图5-2所示的周线图。

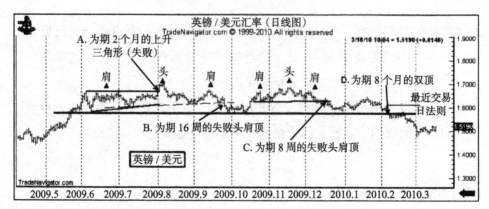

图 5-3　英镑/美元汇率（日线图）（2009 年 6 月～2010 年 3 月）：双重顶

　　日线图上为期 8 周左右的经典形态显示，震荡走势由数个小型形态构成——它们在当时看起来对未来的市场走势相当重要。其发展过程如下。

　　为期 2 个月的上升三角形（标示 A）完成于 7 月下旬。该形态推动价格运行不超过 3 天。短暂的上扬走势成为为期 16 周的头肩顶的头部（标示 B），该头肩形于 9 月下旬突破，不过很快失败。

　　自 10 月初低点开始的上涨形成了一个为期 8 周的复杂头肩顶（标示 C）。尽管该形态的完成起初还有些下行动能，但价格还是稳定于 12 月的低点，然后震荡上行了 4 周。在该段走势中，我的空头被止损出场，我在此之前曾基于为期 8 周的头肩顶做空。

　　所有这些形态共同构成了大型的为期 8 个月的双顶，该形态完成于 2 月初，目标价位在 1.4440～1.4700。

　　图 5-4 更清楚地显示了 2009 年 9 月～2010 年 3 月的走势，也就是图 5-3 中的最后 7 个月的走势。事实上，这段时间总共有至少 7 个更短期的形态（标示 A～G）。该图进一步展示了小型形态如何构成更大型的形态。

　　最后是图 5-5，它是英镑/美元汇率 2010 年 1～3 月的日线图，是图 5-2 中 15 个月中的最后 3 个月的走势。在这张图中甚至可以看到更小型的形态。

短线形态交易者可以基于这些形态操作。

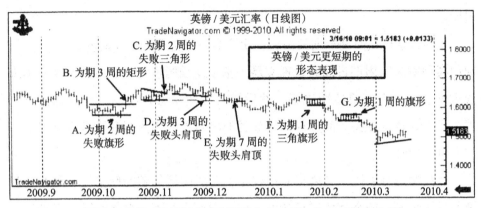

图 5-4　英镑 / 美元汇率（日线图）（2009 年 9 月～2010 年 3 月）

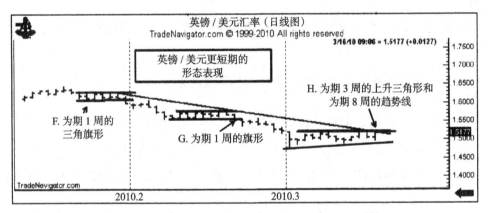

图 5-5　英镑 / 美元汇率（日线图）（2010 年 1～3 月）

英镑 / 美元汇率的例子说明，我们可以基于大到月线图、周线图或日线图，小到 4 小时图、2 小时图、1 小时图来交易。

我想利用英镑 / 美元汇率的例子说明两点：第一，基于某个时间周期的交易信号在另外一个时间周期上可能毫无意义；第二，构成时间较短的形态通常会失败，它最终演变成更大型的形态的一部分。

图表走势记录了价格曾经到达过哪里，但是交易需要实时在市场中操作，是着眼于未来的。要成为成功的交易者，就必须确定能发出交易信号的时间周期。

我们再多谈点时间周期的内容。我认为，对交易者来说很重要的一点是，利用类似的时间周期进场和管理交易。基于周线图进场，然后利用小时图来管理交易，或者用日线图进场，然后用月线图来管理交易，这有什么意义呢？我个人认为保持时间周期的一致性非常重要，因为当我没这么做时，往往会付出代价。

以我的理解来说，艾略特波浪理论也对时间周期较为敏感，它利用时间周期试图识别不同程度的循环或者波浪。顺便说一下，这是我对波浪理论仅有的认识。

我已经讨论了时间周期是个重要的先行条件，之后再讲解要素交易计划的信号。

用最简单的格式说明要素交易计划其实很简单：

- 识别周线图上清晰可辨的形态（日线图上能有所对应或者支持），寻找《股市趋势技术分析》界定的最适合交易的10个形态。
- 一旦识别出潜在的周线图形态，试着在形态可能完成的阶段布局部分仓位。
- 在价格形成突破、完成形态时增加杠杆。
- 在前述的周线图发起的大型趋势运行中，利用中继形态寻找至少一次机会扩大或者金字塔加仓。
- 每年在所追踪的市场中，利用日线图形态寻找两三个最佳交易机会。
- 日线图形态边界线被突破时，进场交易。
- 精挑细选少量的短线交易（2～3天），这些机会的历史表现显示它们具有较高的成功概率。

- 设置合理的止损，每笔交易的风险不超过总账户资金的 0.8%。
- 让那些进场立刻就有利润的交易演化出更大的收益。

听起来很简单，是吗？当然，魔鬼藏在细节中。我希望你关注我 5 个月的交易日记。

四种类型的交易

多年以来要素交易计划经过演变，主要识别并交易 4 类 7 种交易。

主要形态 周线图上出现构建了至少 10~12 周的形态，对应在日线图就是相同的或稍有不同的结构。主要形态包括 3 种类型的交易。

（1）**预期性与试验性的头寸（试仓）**：在形态最终的高点/低点或者这些高低点附近试图提前开立头寸。

（2）**形态完成时的头寸**：在形态边界被突破时开仓。

（3）**金字塔加仓**：不利用启动形态，而是利用构建时间更短的中继形态（比如为期 3~4 周的旗形或三角旗形）加仓。

次要形态 次要形态包括两种交易。

（1）**中继形态**：日线图上为期至少 4~8 周的形态。

（2）**反转形态**：日线图上为期至少 8~10 周的形态。

次要形态无须经过周线图的确认。

直觉交易 这是指不适用于主要形态或次要形态，但是我有非常强烈的直觉的机会。这些通常是短线交易，如果判断错误，我会在小亏时快速出场；如果判断正确，我就在 1~2 天内结利出场。

几年交易下来，我已经形成了第六感，知道市场何时会绷不住要突然上涨或者下跌 2~3 天。我并不滥做这类交易，因为担心我的整体市场分析周期过短。

混杂交易 混杂交易大部分是受一大段趋势框架内的短期动能驱动。

如前所述,事后看走势形态更清晰,但是在盘中既难识别也难交易。

在许多情况下,某个具体的形态失败,演变成了更大形态的一部分。有时,形态可能完成失败,推动趋势朝相反方向运行。

另外,有时我正确地识别了一个形态,但最初的突破有些过早。最后一点,有时我的交易时间周期可能太短,而且有些我认可的信号经不住事后的检验。利用形态进行交易不是完美的科学。

在交易不完美的市场时,追求完美是很难的。你不可能在每次解释市场时都正确,也不可能在每次进场时都正确。结果就是许多交易变成了尝试。即使我在解释某个图表形态时完全正确,也可能需要不止尝试一次,方能成功地做好这次交易。

表 5-1 是一个普通年份内的"要素交易计划"的理想化情况的结构。

如表 5-1 所示,要达到年度交易操作目标,预期要交易 235 笔,或者说每个月要交易大约 20 笔,又或者说是每年每个市场要交易 8 笔。每 10 万美元每笔交易下每次交易一手合约,那么每年每 10 万美元要交易 235 手合约(或者每 100 万美元交易 2350 手合约)。

表 5-1 按交易信号种类与类型所列交易

交易信号	年度目标(盈利交易次数)	达到年度目标的尝试笔(次)数
主要形态——突破(周线图)	10	为了抓住 10 个可能盈利的交易,30 个形态平均尝试进场次数为 1.5 次(45 笔交易)
主要形态——试仓(日线图)	10	在提供试仓机会的 20 个周线图形态中,平均尝试笔数为 1.5 次(30 笔交易);不是所有的主要形态都能提供这样的机会
主要形态——金字塔加仓(日线图)	10(或者说每次交易盈利时用金字塔法加仓 1 次)	在 15 个发展中的趋势中平均加仓两次(共 30 笔加仓交易,包括未走成的趋势中的加仓);不是所有的主要信号都能提供出现金字塔加仓机会的趋势

(续)

交易信号	年度目标（盈利交易次数）	达到年度目标的尝试笔（次）数
次要形态（中继形态或者反转形态）	20（或者说在20个追踪市场中各有1个被清晰界定为日线图形态的机会）	需要在20个市场中交易3个形态，存在虚假信号或者过早信号（总共60笔交易）
直觉交易	20	40笔交易，20笔盈利
混杂交易	站在事后的立场上评估，这类交易毫无意义	30笔交易，5笔基于运气可能获利

在表 5-1 中的 235 笔交易中，就一般年份而言（暂且不管如何界定"一般年份"），预期 75 笔交易会获利（或者说胜率是 32%）。可是，对于较短期或较少交易而言，交易胜率可能只有 15% 或 20%。

底线交易

我采用一种我称为"底线交易"（bottom line trade）的概念。把我所做的每笔交易损益情况集中起来，会是厚厚的一堆纸。这 30 年的损益表单得有 1 万～1.5 万张纸厚。由此，我会知道自己交易这么多年的损益情况。

现在假想一下，在损益表中从盈利最大的单笔交易开始挑选，直到其总盈利等于我的净盈利，这些交易被称为净利润交易。从历史平均数据来看，获利大约前 10% 的交易体现了我的净利润。以表 5-1 所示的年度交易来看，大约 20 笔（也就是每个月不到两笔）交易成了我的底线。其余 215 笔交易自身的盈利和亏损相互冲销，是可有可无的。

在分析每个月、每个季度与每个年度的交易时，我关注的一些更为重要的特点是：

- 每个交易类别的比率及其胜率。
- 盈利交易所占的比率。
- 盈利交易的平均获利以及亏损交易的平均亏损。

我已经展示了"要素交易计划"的关键成分。然而，计划毕竟只是计划，除非得到执行。接下来，我要展开讨论策略性地执行交易计划的一些情况。

进场

进场是个关键性的组成部分，重要到我会用整个第 6 章深入讨论它。当下，我会简短地提到这部分，以顺应流程需要。交易进场的实际案例在第 6 章中呈现。

我进场的几乎所有交易都会用到止损，意味着我会在强势中买进、弱势中卖出。⊖更准确地说，一旦符合交易条件的某个图表形态逐步清晰，我就会按照形态完成，即突破的方向布局仓位。

对于图表形态可能怎么表现，我总结了出了经验，过去多年以来基于这些我已经形成了一套交易规则。这些规则不是神奇的魔法，却是为我个人增强自律性而形成的"最好的实践"。没有这类规则，我可能已经变成了随意交易的人，并退化成易受市场情绪操纵的人。我发现了市场的引人入胜之处。对我而言，如果我不严密监控自己的交易，就极其容易产生"一叶障目不见泰山"的后果。一叶障目——过多专注于更短期的形态，缺乏耐心等待更大形态形成，这是我作为交易者的最大挑战。

交易风险管理

交易风险管理要处理的是一旦我进场了如何管理这笔交易的问题。管理一笔交易，包括以下几个方面。

杠杆

杠杆的确定在于每 10 万美元资金开立多少手合约的问题。请记住，我将

⊖ 强势上涨中追涨，强势下跌中杀跌。——译者注

每笔交易的风险限定在总资金的 0.8%，甚至通常最低到 0.5%。杠杆的大小取决于进场位和初始止损价位。比如，假设我进了一笔长期国债合约，初始风险高于一个点（比如说我的空单进场位是 121–00，初始止损位是 122–08），意味着每手合约的潜在风险是 1250 美元。如果每 10 万美元进场一手合约，那么风险就等于资金的 1.25%，不符合我的风险管理原则。这么一来，我的意见就是每 20 万美元进场一手（这样风险就是总资金的 0.6%）。一个替代方案就是利用资金管理原则，调整止损位置，使潜在风险大约在 700 美元 / 手，且每 10 万美元交易一手。

交易风险管理要处理的就是：在任何一笔交易中我所愿冒风险的资金占总账户的比例、我决定所用的杠杆（具体某一单位资金下的合约数量），以及我将初始止损设置于哪个位置的问题。以上内容决定了在任何一笔交易中的最大风险。

初始止损设置

我个人偏好利用最近交易日法则设置保护性止损。这部分内容请参考第 3 章。在某些情况下，我的保护性止损与最近交易日法则有所不同。全面解释这些案例不在本书讨论范围内。

止损调整与出场

一旦进场并设置好初始止损，就要利用"要素交易计划"的数个技巧准备退出交易。

在几乎所有情况下，如果价格达到了触发某笔交易的形态的目标价位，就要结利出场。当走势朝着交易方向运行，止损也会通过多个方法被收紧，包括回撤失败法则、随市止损法则、发展形态法则等，详见第 3 章。

下单管理⊖

风险管理决定一笔或一批交易的风险和杠杆,仓位管理则与交易进场、出场的实操过程有关。

作为交易者,实际上我也只是下单员。从最简易层面来说,交易基本上就是个进单程序。我无法控制市场走势。交易真正具有挑战之处在于识别可控制的因素,构建交易程序方法,以控制可被控制的要素。无论我是否买、卖、持有,还是什么也不做,市场都会按照自己的方式发展。在每个交易日快结束时,我唯一能控制的是平掉所进的仓位。

本节内容将分为两部分,包括:考虑新建仓位的管理以及拟出场仓位的管理。

新进仓位

我会每周一次——通常是周五下午或周六早上,看一下大约30个市场的周线图。这能让我掌握各个市场的新进展,并且知道是否有潜在的交易机会。

我想交易的周线图的形态类型要花很长一段时间才能形成。事实上,在一个日历年内,适合交易的单一市场的周线形态只有两三个。即使在强趋势的年份,如果我在单一市场中发现了3个以上的周线形态,那意味着我可能解读得过度了。

到周六下午,我已经相当明确,下一周某一市场是否会有单子进场。通常来说,周线形态要运行很多周,有时是几个月之后才能完成。这是个问题,因为一旦我看到一个形成中的形态,我就急不可耐地想要参与进去。此时耐心的问题就凸显出来了。

⊖ 也叫"仓位管理",两种表述意思一致,后文同。——译者注

我会打印出可能在下周提供交易机会的周线图（和对应的日线图）。除了许多很棒的线上图形软件（我用到 3 套网上软件），我还会保存打印出来的已经进场或者准备进场的市场的图表。之所以这样做是因为我喜欢纸质图表。我发现，每天手画价格走势图，比草草浏览一下网上更新的图表，能使我更好地与市场联结起来。

接下来，我转向关注日线图，尤其是要关注通过周线图筛选好的品种。即使如此，我还是会把每个市场较为活跃的合约都看看，看能不能找到交易机会。

我的基础是周线图，但是日线图能比周线图提供更多的交易机会。

如果周内某个日线图上的交易机会形成，那么我会打印出它的日线图。周日下午 2 点，我会把前一天打印好的图表整理出来。也正是此时，假定形态突破，我会判断进场策略，决定风险参数，确定每个市场我可能会使用的杠杆大小。然后，我会登录线上交易平台，预埋进场订单，设置交易警报，这样，如果有订单成交，我就能得到自动提醒。

我最常使用的是"取消之前有效"（good-until-canceled，GTC）订单进场或者出场。某些市场臭名昭著，经常在夜盘时段触发止损。我很小心地避免在以下市场进 GTC 订单，比如迷你的金属合约、谷物、软商品、纤维和牲畜（本来就较少交易）。我在这些市场通常在白天⊖进场，也就是正常的交易时段进场下单。

周日下午市场开盘前，我刚好完成新仓位的预埋单。周日下午我没有预埋的订单（比如交易清单的电子市场的止损单）会在周一早晨预埋好。在正常情况下，凌晨 3 点前我都是醒着的，以观察亚洲和欧洲时段的交易。因此我

⊖ 这里是指美国期货市场。——译者注

睡眠不好。

交易者具体在什么时间干什么工作，以及程序是什么，都是重要的。我在某些时间以某种方式干某些事情，是因为它适合我，关键在于交易者需要形成一套自律的流程。某种行为的具体时间安排没有行为本身重要。

除了交易，我还是私人飞机驾驶员。飞机驾驶员会在每个飞行阶段都要按照例行的检查清单行事——从起飞前到起飞后。交易者需要类似的程序。

一般而言，在交易周内只有很少的进场机会真正形成。残酷的事实是：多少年来，一个交易周内，我"发现"的那些交易（就是我在之前的周末没有看到机会的交易）很可能是亏钱的买卖。

不同的线上交易平台提供各种各样的功能。我更喜欢使用那些能预埋附条件订单（contingency order）的平台。也就是说，如果设置止损的进场单成交了，那么保护性止损单就自动设置好了，不用直接再次干预。使用没这个功能的平台，我就要在交易时段留意市场。我会在本书中反复强调：我希望自己能和市场保持距离。

正常交易时段我越是关心市场，我就越可能越过交易计划，做出情绪驱动的决策。我太了解自己了，而且我知道我对日内交易的情绪性反应在任何时间内都对我的净利润⊖是有损害的。作为交易者，我要面对的最大挑战就是控制我的情绪。这是一场战争，永不停火。

平仓

在交易的所有层面中，这是我最为困扰、压力最大的一个。在我看来，如何处理进场之后行情立刻朝着交易方向运行的单子，是交易中最为困难的。面对交易上的挑战，我不断失眠。每当进场之后立刻能交易盈利的单子出现，

⊖ 结合前文的"净利润交易"。——译者注

我都想早早消除这个挑战。

对我来说，进一笔交易不难，砍掉亏损单不难，金字塔加仓不难，在目标价位结利出场不难，处理尚未达到目标价位的盈利仓位却极其困难。

从最基本的层面来说，管理已开立的仓位的概念就是要维持一个平衡，即保护已经出现的浮盈，并且给趋势一个机会走完全程，正如形态所暗示的那样。

给持仓确定出场指令，类似于开仓。对于每一笔持仓，都要在市场中有两个指令。一个是限价单，设定获利了结的目标价位。一个是止损单，防范行情反转。限价单和止损单有一个成交，另外一种就自动取消。我持有的所有仓位，这两种交易指令同时在场。

每个交易日的下午，我都会看看持仓品种的日线图，判断一下哪个指令是否要修改一下。大部分调整都发生在午盘末期，介于日线收盘价即将形成与夜盘开盘之间，夜盘的开盘价就是下一交易日的开始价位。

第 6 章会提供一些具体案例，展现使用交易管理的技巧。

最佳交易实践

最佳交易实践是那些习惯性遵循后能对长期净利润产生积极效果的规则。从相反的角度说，如果不以最佳交易实践的方法交易，交易绩效就可能降低。保持并总结一个最佳交易实践清单，能让交易者抱有正确的心态。最佳交易实践因交易者不同而不同。在仓位管理方面，我的最佳交易实践是：

- 只在周六研究周线图，此时市场休市。
- 浏览我考虑交易的每一个市场。在期货市场中，既看某一品种周线图的连续合约图表，也看最活跃的合约的周线图。

- 在每个交易日中只看一次日线图,而且是在非交易时段。
- 在每个交易日中只设置一次进场订单。一旦交易时段开始,不再多想。
- 避免看日内走势图,避免在交易日内盯盘。
- 不关心任何其他交易者或者分析师的观点,根据自己的方法交易。

本章要点

- 交易者必须拥有一套成体系的方法以解决交易信号问题。为了获得持续稳定的盈利,时间周期的问题是所有交易者都要清除的障碍。
- 交易者必须拥有一套系统、规范、宏观的交易规划,包括怎么进场、怎么判断风险。大多数的专业资金管理者在每笔交易中所冒的风险都不超过账户总资金的1%。
- 出场策略必须是交易计划中的一部分。
- 交易计划必须包括风险管理事宜。也就是说,在具体的每笔交易中,所冒风险占总账户资金的比重如何。
- 应该形成并遵循一套交易流程,尤其是关于分析和下订单的部分。

| 第 6 章 |

"要素交易计划"的三个案例

这一章会展示一些我在 2009 年运用"要素交易计划"所做实际交易的案例,以展示本书前几章所介绍的规则、准则和原则。

这一章会用完整的图表,回答以下问题:

- 交易信号到底是什么样子的?
- 交易计划内的信号是怎么产生的?
- 我是如何设置初始止损位置的?
- 我是如何决定合约手数(也就是这笔交易的杠杆)的?
- 走势朝交易方向运行,如何调整现有仓位的止损位?
- 金字塔加仓法的规则是什么,以及怎么运用它?
- 我是怎么结利平仓的?

这一章的三个案例恰逢令人印象深刻的重大技术变化,催生了两笔道指合约交易、一整年的黄金交易和糖交易。

我之所以挑选这三个案例作为研究对象，主要是因为2009年我积极参与了这些市场，而且这些市场也展现了一系列不同的交易形势。事实上，黄金市场出现了当年最好的交易机会，而糖市场是我获利最多的单一市场。当然，我本可以讨论欧元/美元汇率这类市场的案例研究，但我决定不这么做。基于全面披露的想法，我想让你知道，2009年我在某些市场是完败的。

道琼斯工业指数的显著技术走势

道琼斯工业指数形态当年出现了一个空头交易机会和多头交易机会，它们两个都会在下面的经典图形讲解中被提到。空头交易是指交易者押注价格下跌。多头交易是指交易者押注价格上涨。在外汇市场和商品市场，交易先买或者先卖的顺序并不重要。空单是指交易者先卖，希望价格跌至更低位置后买回来，以此获利。多单的交易方向与此相反。

空头交易：2009年7月6日

一旦我识别出某个形态是潜在的交易机会，我就会在交易平台设置进场指令。图6-1是道指2009年9月迷你合约的走势。7月2日，我看出走势形成一个潜在的头肩顶形态，如果颈线和右肩低点被跌破，就立刻进场做空。我的止损在8182。我在7月6日空单进场。

设置初始止损的主要方法就是最近交易日法则。该法则基于这样的假设，即突破不是随便就能来的，向上突破当日的高点或者向下突破当日的低点就是形态交易区间的一个临界点，也是未来一段可持续走势的起点。一般而言，我会将（空单）止损设置于突破发生当日的高点之上（或者将多单止损设置于突破发生当日的低点之下）。如果突破当日高点比边界线高不了多少，那么我就会选择突破前的那个交易日的高点来确定根据最近交易日法则设置的止损位置。

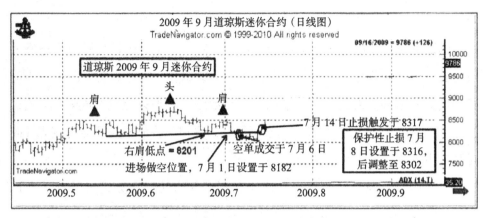

图 6-1 道琼斯工业指数：头肩顶

7月6日道指9月迷你合约向上突破颈线只有30点，因此我将前一个交易日的高点当作止损位。止损位为8316，1手合约的潜在亏损是670美元。

基于正常的风险承受程度，即潜在亏损占总账户资金0.6%或者0.8%，每10万美元，我只下了一手道指迷你合约。

我利用爱德华兹与迈吉在《股市趋势技术分析》一书中介绍的目标确定方法——形态突破后会走出一个形态幅度的距离。头肩顶的高点是8828，右肩低点是8194。因此形态幅度是634点，意味着突破8194后，下跌的目标是7560。我的空单成交后，立刻将止盈设到了7561。

空单进场当日，道指就收高。这可不是个好兆头。如果我将当日进场后收盘就亏损的单子立刻砍掉，我的净利润就会大大改善。然而，次日即7月7日，市场再次下跌，而且低收在头肩顶颈线之下，这又重新激发了我的乐观情绪。此外，这也使得我将止损调整至7月7日高点之上的8302。市场最终在7月14日将我止损出场，相当于宣告之前的头肩顶形态值得怀疑，为后期的上涨做铺垫。

我原本就该怀疑这个头肩顶形态——这个形态经常在CNBC的节目中出现。大家都认可形态，通常形成不了。

多头交易：2009 年 7 月 15 日

无论是商品市场还是外汇市场，我发现的一个相当值得交易的形态是失败的头肩形态。我将失败的头肩形当作一种形态。失败的头肩形源于一个可识别的头肩形态。无论是头肩形态以极小后续走势得以完成（如案例中的道指），还是右肩形成后压根就没突破颈线，只要市场升破头肩顶右肩高点（或者跌破头肩底右肩低点），都是交易的信号。

7 月 14 日，我的空单止损后，我立刻在右肩高点上方设置限价买入订单。如图 6-2 所示，多单正好于次日（7 月 15 日）成交在 8568。

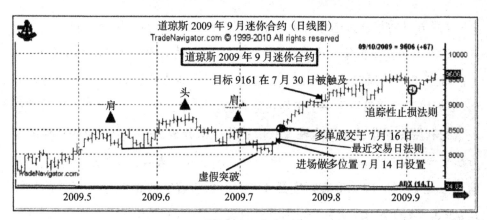

图 6-2　道琼斯工业指数：头肩顶

根据最近交易日法则，我将止损设于 7 月 14 日低点 8327 下方的 8319。因此，成交在 8658 的多单最大潜在亏损是 1245 美元 / 手，大幅超过每 10 万美元大约 700 美元风险金的要求。所以，我面临两个选择：要么放弃最近交易日法则，根据风险金额设定止损，要么每 20 万美元交易 1 手合约。我最终选择了后者，止损仍然设于 8319，相当于每 10 万美元交易半手，风险水平是总账户资金 0.6%（乘以 2 就是 1245 美元）。

失败的头肩顶形态的目标确定是从右肩高点向上走出一个头肩形的幅度。

在这个例子中，7月1日右肩高点在8527，头肩形的幅度是634，所以目标是9161。这一目标于7月30日达到。在这个道指多单的例子中，盈利是3100多美元/手合约，相当于每10万美元产生1550美元的收益。

某个市场给出了不错的盈利，那么你就可能会被诱惑着继续待在这个市场中。贪婪的情绪几乎要求你立刻再次进场，生怕利润被落下。遇到这种情绪的时候，我需要提醒自己：下周、下个月、明年还有新机会。纪律要求：一旦我退出了某个市场，我就需要到其他市场中寻找机会。顺便说一下，道指多单如果没在目标价位主动出场，那么我可能选择随市止损的方法，这样一来我将于9月2日出场。

黄金的整年交易

2009年，我根据"要素交易计划"交易了7笔黄金合约。交易的是不同合约，为方便起见，我讲解时用的是连续合约的周线图和日线图。图6-3是一整年黄金交易的整体表现。

图6-3 2009年黄金交易

1月23日，黄金向上突破头肩底颈线，同时这也是一条可以追溯到2008

年 7 月的趋势线，我进场做多（见图 6-4）。我在 884.2 的位置以每 10 万美元一手的标准买入 4 月黄金迷你合约（一手 33 盎司）。根据最近交易日法则，初始止损确定在 853.8，潜在风险大约是总账户资金的 1%。

图 6-4　黄金 #1 交易：1 月完成头肩形

我在这笔交易上犯了错。我对行情的解释是有瑕疵的。一个合理的头肩形态应该是这样的：头和两肩是庄家出货、集中筹码等一整套过程中的明确的一部分。事后来看，1 月的右肩很可能和 2008 年 9 月形成的左肩没有关系。我认为我很可能只是想找个理由做多黄金而已。如果头肩形态不明确，某一部分走势的运行时间过长，那么这个形态就是值得怀疑的。我往往会受到行情倾向的影响。有段时间，我看什么走势都是头肩形，而有些时候我看什么走势都是楔形、三角形或者通道。

2 月 25 日，我利用随市止损法则将多头平仓于 958.2。图 6-5 和图 6-6 展示了这一法则涉及的三个阶段。

政府报告导致价格波动与亏损

每年都有那么几次，我还没摸到头绪，市场行情就已经快速变换了。如图 6-7 所示的形态外走势就是一个这样的例子。

图 6-5　黄金 #1 交易：追踪性止损法则

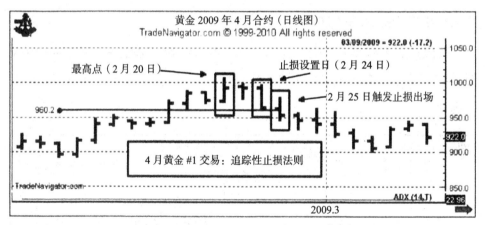

图 6-6　黄金 #1 交易：追踪性止损法则说明

3 月 18 日，政府报告发布，早盘即跌破头肩顶颈线，我在 888.7 限价卖出。

根据最近交易日法则，止损应该是 916.3。但是我为了能每 10 万美元进两手迷你合约，便改用资金管理止损 900.7。当时的风险是总账户资金 0.8%。几分钟之内我就被止损出场了。要是在交易所的场内交易池，我都是先拿到保护性止损的指令，然后才拿到进场指令的。说这些更让我徒增伤悲。

图 6-7　黄金 #2 交易：巨幅震荡走势

交易小型形态的空头头寸

我固执于头肩形，于是 6 月 12 日在 942.4 的位置做空黄金 8 月合约（见图 6-8）。这个形态太小了，我就不该交易，但我还是交易了，违反了我的基本规则。

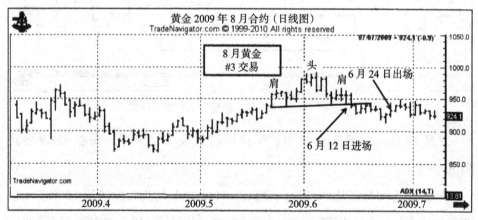

图 6-8　黄金 #3 交易：很小的头肩顶

明知道这不是一笔好交易，我紧设了止损，在 6 月 24 日小幅盈利出场。我将盈利完全归于侥幸，因为我在可接受的日线图反转形态所需要的时间要求上违反了原则。

另一个失败的头肩形态

还是头肩形。8月4日，我做多黄金迷你合约，根据是一个为期7周的颈线稍微朝上倾斜的头肩底形态完成了（见图6-9）。8月6日，日内价格回测头肩形。我基于回测失败法则将止损调整至8月6日低点的下方。8月7日，我止损出场，亏损总账户资金的0.6%。

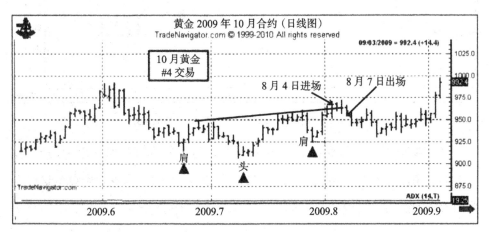

图6-9 黄金#4交易：另一个失败的头肩形态

我希望这些案例研究能清晰地传达这样的信息，即交易进场对我的整体成功而言相对并不重要。我所交易的，事实上也就是我所谓的进场信号的重要性要次于资金和风险管理。识别交易机会的重要性明显被高估了。

锁定重大走势

8月初，黄金市场的大行情即将来临的迹象越来越明显。周线图出现了一个大型的反转的头肩底形态（见图6-10）。这种罕见的形态曾在爱德华兹与迈吉的《股市趋势技术分析》一书中粗略地讨论过，更早也在沙巴克的《股票市场获利技术分析》一书中被提及。

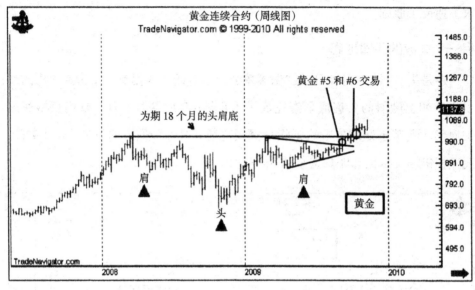

图 6-10　黄金 #5 和 #6 交易：周线图的头肩形

进一步来说，头肩底的右肩是由一个为期 6 个月的对称三角形构成的。这样的三角形由 6 个点构成（见图 6-11 中的点 $A \sim F$）。当我看到黄金这样大型的市场形态后，变得非常兴奋。

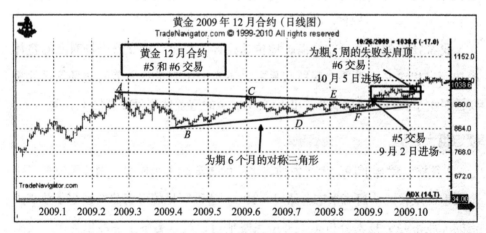

图 6-11　黄金 #5 和 #6 交易：大型对称三角形作为头肩底的右肩

9月2日，价格上涨，突破了三角形的上边，并进一步升破形态内最后一个高点（点E）。我在978做多黄金12月合约。目标是1094，也就是从E点算起B～C点的幅度。考虑A～B点的幅度也是可以的。11月4日，我结利出场。如果按照随市止损法则，我可能多赚45美元/盎司——永远都有可能、原本、应该……

注意这一点很重要：9月2日突破日的低点和9月3日的低点从未被挑战过。市场通常就是这样的，突破持续而有效。突破后市场立刻整理了1个月的时间。其间曾出现小型头肩顶。我甚至将多单止损调整到颈线之下（见图6-12）。10月5日，价格向上突破头肩顶的右肩，在1014的位置提供了金字塔加仓信号，目标为1050（这一目标很快在10月8日达到）。我选择在目标价位不结利。请再次注意，基于最近交易日法则的10月5日低点也从未被挑战过。

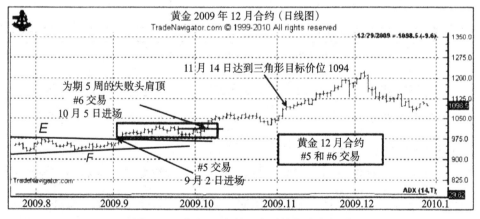

图6-12 黄金#6交易：小型的失败头肩顶

黄金市场阴招不断

很少有哪笔交易是从进场到目标不费力、无挑战的，总会百密一疏。10

月5日，根据突破为期4周的失败的头肩形形态所做的金字塔加仓就是这种情况。我没有在目标价位1050结利出场。然后，10月26日的下跌走势正好完成了一个小型的双顶形态，导致多头前景不妙。此外，10月26日也是随市止损法则的设置日。10月27日是随市止损的触发日，我直到下一个交易日才出场，止损在多头行情的回调走势的最低点附近（见图6-13）。

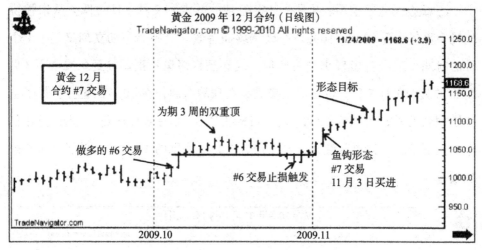

图6-13　黄金#7交易：伪造形态

这种行情就是交易者要面临的最大挑战之一——在达到更大的目标之前，一笔有浮盈的单子被止损出场，接下来该怎么办？很不幸，这个不容易回答，不过倒是有些东西值得总结下来。

为期3周的双重顶形态完成，数日之后走势就恢复了上涨行情。这增强了一种可能性，即双重顶是个空头陷阱。另外，它也逐步形成了这样一种可能性，即鱼钩信号出现。它不是爱德华兹与迈吉的经典著作中的形态。所谓鱼钩形态，指的是先前形态完成后很快就失败，走势再次恢复到先前的趋势方向中。鱼钩买入信号背后的动态表现是疲弱多头被止损出场。

市场总是迫使先前已经出场的多头再次追高进场。鱼钩信号的第一个迹象出现在11月2日,这个交易日里的整个交易区间都在为期3周的双顶区间下限的上方,市场也最终收盘在高点附近。我本可以在这个位置再次进场,但是我固执地等到11月3日创下新高。

通常,鱼钩买入信号出现后,可以利用波段目标来预测其下一步目标(见图6-14)。

10月2日低点到10月14日高点之间的涨幅大约是85美元,那么从10月29日低点1027向上衡量,目标价位为1112。这一目标在11月12日达成。

图6-14 黄金波段目标

2009年黄金交易总结

我讨厌在市场里左右挨耳光,讨厌在区间顶部买入,讨厌在区间底部卖出。我讨厌假突破,讨厌做对了方向但在上下震荡中亏钱——这是可能出现的,如果我在多头行情的弱势阶段止损出场,强势阶段追高,又在弱势阶段止损出场,恶性循环下去的话。即使在黄金市场20美元的区间走势里,我也可能亏损50美元,虽然方向判断正确。

震荡走势,不仅会产生重大亏损,而且也会打击交易者的信心。我自己有过很多这样的经历。因为大行情出现之前，往往会先剧烈震荡，故意吓退交易者，从而错过随后的真正好机会。

提前止损之后最大的诱惑就是在出现有力信号前再次进场。一旦陷入这种循环，交易纪律和耐心将备受考验。我在黄金 #7 交易上颇为侥幸。如果左右打脸的话，那我一定不知所措。

第二个教训是，小型的反转形态，比如小规模的双重顶，威胁不了明确的趋势，尤其是在这种趋势源于大型的形态（三角形），而且这个大形态的目标还远未达到时。

表 6-1 摘要整理了 2009 年的黄金交易信号。

表 6-1　2009 年的黄金交易信号记录

信号 #	形态	多空（合约月份）	进场日期/价位	出场日期/价位	每盎司走势幅度
1	为期 6 个月的头肩底	做多（4 月）	1 月 23 日于 884.2	2 月 25 日于 958.2	74
2	为期 6 周的头肩顶	做空（4 月）	3 月 18 日于 888.7	3 月 18 日于 916.4	(28)
3	为期 4 周的头肩顶	做空（8 月）	6 月 12 日于 942.4	6 月 24 日于 938.7	4
4	为期 7 周的头肩底	做多（12 月）	8 月 4 日于 967.2	8 月 7 日于 955.4	(12)
5	为期 6 个月的对称三角形	做多（12 月）	9 月 2 日于 978	11 月 4 日于 1094	116
6	为期 4 周的失败头肩顶	做多（12 月）	10 月 5 日于 1014.4	10 月 28 日于 1028.6	13
7	为期 6 个月的对称三角形；为期 3 周的失败双重顶，新高	做多（12 月）	11 月 3 日于 1076.2	11 月 12 日于 1112	35
合计					202

截至 2010 年 1 月，周线图上构建了为期 18 个月的反转头肩底的目标 1320 仍未达到。这一情况促使我对黄金市场仍然看涨。

在宽幅交易区间内交易，导致我浪费了很多精力——2009 年我的前 4 笔交易就是这种情况。直到 #5 与 #6 交易时，市场才真正突破大型形态。实际上也只有 #5 交易最值得交易。

出场

我会利用以下 6 种情况出场，其中两种是亏损出场，其余 4 种是盈利出场。

1. 亏损

（1）形态失败或过早突破。走势出现反转，触发 LDR（或资金管理）止损（案例见图 6-7）。

（2）行情朝突破方向运行不够迅速。走势发生突破，但是在接下来的几天或者几周内，回测或者重新回到形态内。若出现硬性回测，我会调整止损（案例见图 6-8）。

2. 获利

（1）目标价位结利平仓。开仓时的形态都有目标价位，我通常会在该目标价位结利平仓（案例见图 6-11 与图 6-14）。

（2）赚钱的单子在不断的持仓中，走势会出现更小规模的中继形态。我会根据这些中继形态的时间和其他形势选择加仓。我有时也会根据中继形态的最近交易日法则把止损收紧。

（3）走势也可能在达到目标价位之前出现反转形态。我就会根据反转形态调整止损（案例见图 6-13）。

（4）在持仓中，我可能决定使用随市止损法则（案例见图 6-5）。

糖的整年交易

2009 年，糖是我最关注的单一市场。我对 2009 年糖市的观点，表明我不是绝对客观的形态交易者。我对某一个市场的特定看法影响了我对形态的分析。

按照市场划分，2009年我在糖市上赚钱最多。不过，也得说明一下，2009年我在糖市赚钱的表现不带有普遍性（虽然我希望如此）。整个2009年，我在糖市上的盈利，占到整年盈利的40%。

在一开始的4个月里，我在糖市上屡屡亏钱，交易结果没有体现我看多糖的观点。我觉得市场要发动行情了，但其实并没有，市场根本不会搭理我怎么看。事实上，我做多以后，就会对市场看多。同样，我做空，我对市场的唯一影响就是我的做空行为吧，其他都对市场没什么影响。

年初看多行情

2009年1月的第一个交易日我就看多糖市。周线图形态（见图6-15）显示，我识别出了一个为期9个月的对称三角形，可能会对后市产生最重要的影响。2009年年初，价格在形态下沿，于是我根据预期做多。

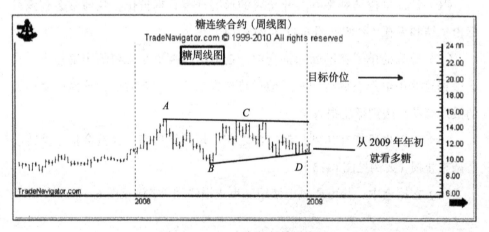

图6-15　2009年年初的糖周线图

可是谁也没料到，多头如此命运多舛。"要素交易计划"（见图6-16）发出了11个交易信号。我如此"执着"，做了太多交易。频繁交易以前有过，以后还会有。

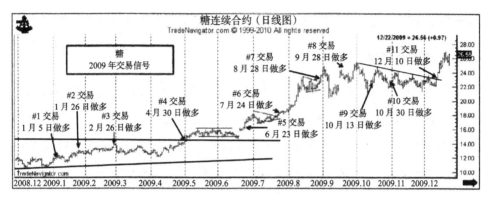

图6-16　2009年年初的糖日线图

年初3笔亏损交易

图6-17是2009年一开始的3笔糖交易。尽管价格上行,我也看多,但是这3笔交易仍然亏钱了。市场上涨,多单却亏钱,交易者要面临多么严峻的挑战啊。

图6-17　#1、#2、#3交易:糖交易最初遭遇的挫折

1月5日继续上涨,为期2个月的对称三角形也完成了。我根据最近交易

日法则把止损设定在 12 月 30 日，最终多单在 1 月 14 日被止损，亏损 67 点。

价格创新高的买进

我看涨糖，所以在屡创新高时仍然追多。这不是我的风格，我的风格是等待清晰的形态。我在 1 月 26 日做多（#2 交易），还在 2 月 26 日创新高时加了仓（#3 交易）。3 月 2 日下跌，这两单都被止损，亏损了 94 点。#2 交易的止损由于原来 1 月 23 日根据 LDR 设置的止损，调整到根据回测失败法则设置的 2 月 19 日低点。

等待明确形态

追高的交易亏了钱，我便决定还是等清晰的形态出现。4 月底我的机会来了。

下面是我在 4 月 30 日发给同行的电子邮件（几十年以来，我一直和十几位同行用邮件讨论、分享形态分析）。

2009 年 4 月 30 日

不错的交易机会

更长期的图表显示，2009 年糖市可能是最好的市场之一。值得注意的技术面信息是：

周线图出现了一个清晰的对称三角形，这个形态发端于 2008 年 3 月。糖 7 月合约突破 14.72，将完成形态。

周线图必须放到更宏大的历史走势中来看，最远可以追溯到 1981 年。收盘价升破 2006 年高点 19.75，将指向 60 多。

7 月合约本交易日升破了一个为期 9 周的矩形上边。大行情始于小行情。此次突破不可小觑。日线图要与周线图配合着看，甚至要看月线图、季线图。

2009 年 5 月 1 日更新资料如下：

> 2010年3月合约今日强势突破了一个为期6个月的楔形形态，可能触发糖的上涨行情。对于大头寸来说，这一形态是个风险不大的好机会。

在两个交易日里，糖的各个合约（7月合约、10月合约、2010年3月合约与连续合约）都出现向上突破。连续合约与个别月份合约的日线走势略有差别。7月合约走势图上的为期2个月的矩形形态得以完成（见图6-18），10月合约走势图上的为期7个月的楔形形态得以完成（见图6-19）。10月合约还在6月24日达到了最近的目标价位。

图6-18　#4交易：7月合约矩形整理

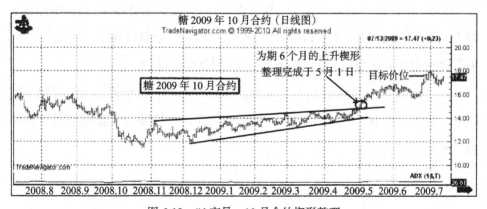

图6-19　#4交易：10月合约楔形整理

图 6-20 是周线图上的三角形形态。周线图和日线图几乎在相同时间完成大型形态，这是个好事。

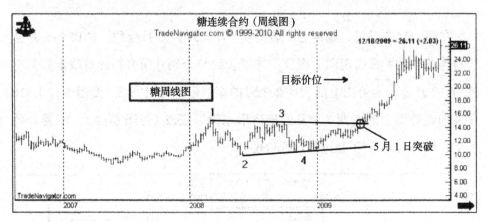

图 6-20　糖：对称三角形启动多头行情

糖市牛市发动了。需要注意的是，牛市刚刚起步，所以风险不大。根据最近交易日法则，7 月合约的止损幅度有 31 个点，10 月合约的止损幅度有 38 个点，这使得我能开立更多的多单。周线图上的向上突破于 5 月 1 日发生，因为恰逢周末，所以周末法则也确认了突破的威力。

整理休息

5 月上涨一波，然后出现了一段为期 5 周的横盘（见图 6-21）。6 月 23 日，糖 10 月合约出现了一个鱼钩买入信号（#5 交易），于是我加仓。根据最近交易日法则设置的止损也不大。7 月 30 日达到目标价位。

#6 交易是个三角旗形。7 月 24 日走势创下新高，还突破了一个为期 3 周的三角旗形，这又是一个加仓机会。根据最近交易日法则设置的止损没被触发，我抓住了一波。

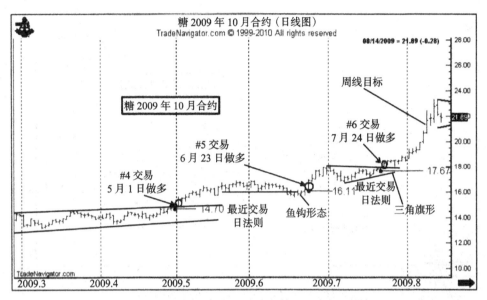

图 6-21　#5 与 #6 交易：多头行情的两个整理形态

8 月 10 日，糖 10 月合约达到周线图的目标 21.22，我结利平仓。我说不清楚为什么有时用日线图，有时用周线图确定目标，或者为什么有时用形态幅度来确定目标，有时用随市止损。目标价位的确定还没有清晰的规则。我的观点是，一定要根据其中一个做决定，然后承受结果。

行情加剧波动

8 月中旬，我把 5 月 1 日以后做多的糖都平掉了，然后等待机会再进场。我担心糖会涨 60 美分而我没做多。

我没等太久。不过，一如既往的是，我进入了 4 个月的交易"扎心"时间。这很正常，尤其是当之前上涨良好时。接下来就是逐步加剧的整理震荡行情了（见图 6-22）。

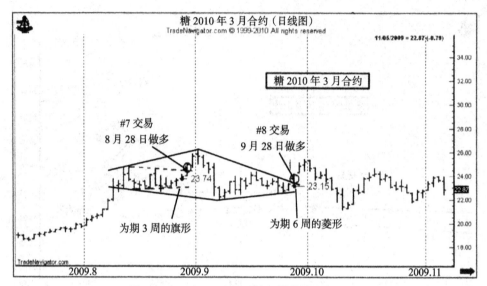

图 6-22 #7 与 #8 交易：糖开始做大型的整理

8月28日，一个为期3周的旗形得以完成（#7 交易）。请留意虚线画出的边界（见图 6-22）。我觉得旗形可能只是牛市的中继形态，走势会向上突破，再涨 30 美分。

形态的确向上突破，不过只涨了两天，然后就下跌了。我根据最近交易日法则设置的止损在 9 月 4 日被触发。我亏损出场，好像好友离世一般。

9月28日，市场完成了我认定的菱形。我再次做多（#8 交易）。根据 LDR 设置的止损于 10 月 7 日被触发，我再一次亏损出场。

执着于糖的多头交易

此时，我过度执着于做多。过度执着于某个倾向，就会做愚蠢的交易，进而就会亏损。#9 与 #10 交易就是没等形态完成就进场了（见图 6-23）。提前进场是因为害怕错过机会。对交易者来说，恐惧和贪婪是最致命的两种情绪。

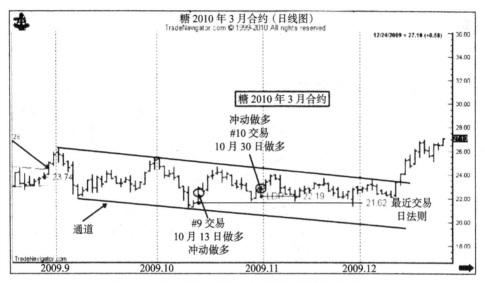

图 6-23 #9 与 #10 交易：缺乏明确价格形态的交易

这两个单子进场的当天，也就是 10 月 13 日与 30 日，糖都上涨了。可是，在横盘或者区间内追涨杀跌，不是好交易。

11 月 10 日 #10 交易的 LDR 止损被触发，11 月 27 日 #9 交易的 LDR 止损被触发。我不仅自己给自己找了个进场的理由，还在 #9 交易的风险管理上过于顽固。

年底涨势

年底糖市再次走高。12 月 11 日市场突破了一个为期 15 周的通道上边，也使一个为期 4 周的头肩底形态得以完成，引发了 #11 交易（见图 6-24）。

此前我曾经提到，小型形态经常会与大型形态同时完成。还有，突破出现在周五也具有特别的意义。12 月 28 日形态达到目标，但是随市止损一直到 2010 年 1 月 10 日才被触发。

表 6-2 列示了 2009 年糖交易的摘要情况。

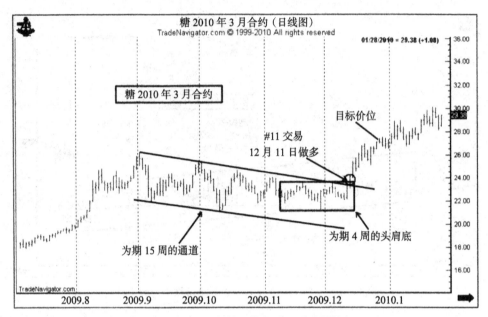

图 6-24　#11 交易：糖的重要买进信号

表 6-2　2009 年白糖信号与交易

信号 # 与（头寸）	形态	进场日期	出场日期	走势幅度（点数）
1（做多 5 月合约）	为期 2 个月的三角形	1 月 5 日	1 月 14 日	（67）
2（做多 5 月合约）	新高	1 月 26 日	3 月 2 日	（59）
3（做多 5 月合约）	新高	2 月 26 日	3 月 2 日	（35）
4（做多 10 月合约）	为期 7 个月的上行楔形	5 月 1 日	6 月 24 日	+222
5（做多 10 月合约）	为期 5 周的鱼钩形态	6 月 23 日	7 月 30 日	+206
6（做多 10 月合约）	为期 3 周的三角旗形	7 月 24 日	8 月 10 日	+309
7（做多 3 月合约）	为期 3 周的旗形	8 月 28 日	9 月 4 日	（98）
8（做多 3 月合约）	连续 6 周加仓	9 月 28 日	10 月 7 日	（92）
9（做多 3 月合约）	动能交易	10 月 13 日	11 月 27 日	（76）
10（做多 3 月合约）	动能交易	10 月 30 日	11 月 10 日	（59）
11（做多 3 月合约）	为期 15 周的通道	12 月 11 日	12 月 28 日	+365
11 笔交易，7 笔亏损，4 笔盈利				

2009年糖交易的教训

不幸的是，我每年都会总结出相同的教训。2009年的糖市告诉我，实际走势会落后于我对市场的看法。市场没有义务立刻按照我的想法运行。

我总是会根据周线图的倾向，主观地解释日线图运行的可能性。一开始所做的两笔交易（#2与#3）纯属追涨，没有以清晰的形态为依据。年底的两笔交易（#9与#10）也是这样的。11笔交易中的4笔没有合理依据且不该交易。新的一年，我承诺自己要增强耐心。希望将来能实现诺言。

本章要点

- 一些最好的交易机会的走势跟初始预期可能会相反（如道指的例子）。
- 想在任一市场中抓住赚钱的交易机会，其间难免会亏钱。坚持不懈会有回报。
- 根据预期的行情发展交易，通常结局不会好。在横盘区间内做单，可能导致在大行情发动时缺枪少弹。
- 趋势性行情发动时，市场都会给出信号。耐心等待形态完成，盈利蕴藏其中。

| 第 7 章 |

成功交易者特质

图 7-1 是本章内容的路线图。一份全面的交易计划除了机械性、程序性的内容之外，还有一些隐性因素，它们对交易成功而言不可或缺。我把这些当作隐性因素，是因为它们与每天的实际交易过程没有直接的关联。有些专业交易者可能会列出不同的清单，以下是我认为最重要的隐性因素。

- 熟悉交易信号。
- 正确并一致性地执行交易信号的纪律和耐心。
- 分析交易结果并识别出相应优化的信息反馈机制。
- 信念提升——在情绪和心智上坚决彻底地执行交易计划的信心。

我发现，交易上的最大挑战就是养成这些特质。前进之路，永无止境。成功的交易必须克服情绪的负面影响。交易计划有了完备的资金管理原则，那么接下来成败就受制于隐性因素。然而，投机领域少有交易类图书涉及这方面的话题。

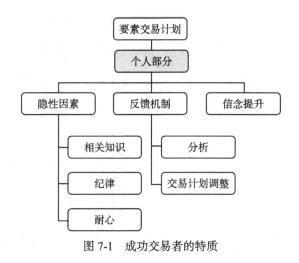

图 7-1 成功交易者的特质

熟悉交易信号

我不能想象,交易者盯着盘看走势却找不到交易机会是一种什么情况。这种情况相当糟糕。我对形态相当熟悉,哪怕只是看个三五秒,也能确定这段走势是不是有机会。

还是这段走势,再看上 10 秒钟,我就能看出其他的一些重要信息,包括:后期怎么走才能给出交易信号,开什么仓,开多大仓,如果进场我能承担多大风险等。

我的经验是:有些专业交易者——无论是采用主观判断还是机械系统的,对自己使用的交易计划都烂熟于心。他们知道,对他们而言什么才是信号。他们知道自己是不是在遵守规则,因为他们知道自己的规则是什么。

研究一段走势的时间越长,走势演变成自己奢望的交易机会的可能性越小。对我来说,信号是显而易见的。当然,信号能不能让我盈利是另外一码事。

我建议新手先做一两年模拟交易,然后再用真实资金做单。你需要时间去知道什么是交易信号,走势怎么发出信号,怎么管理风险等。

交易计划会随时间变化——有时是逐步的，有时是剧烈的。在我的交易计划中出现的重大变化，对不熟悉我的计划的人来说可能不是什么大变化。但关键是：交易者需要了解，为什么做这笔交易，为什么进场，为什么出场。

纪律与耐心

纪律与耐心是一个硬币的两面。如果交易者不知道交易信号是什么，那么他就不可能拥有纪律与耐心。知道合理的交易信号是什么，才能讨论纪律与耐心的问题。

一笔单子有没有赚到钱，不是判断这笔交易该不该做的决定性因素。我不过分强调盈利问题，因为谁也不能控制一笔单子最终的结果。我唯一能控制住的是：进场。

我清楚地知道自己该不该做一笔交易。我面临的挑战是怎样耐心地等待自己的机会，怎样遵守交易纪律。如果把我当作棒球选手，那我最大的问题就是总要击打自己不擅长的球。当然了，即使是我擅长的，我也未必能击出安打。只要是在没耐心、不遵守纪律的情况下所做的单子，绝大多数都以亏损出场而告终。

自我分析与计划分析

我还在持续不断地研究、分析我的交易业绩，主要是因为：评估一下我的计划是不是和真实市况契合，评估一下我自己是不是和交易计划契合。这两个概念差异很大，都是真实存在的难题。

交易盈利和正确交易不一样。正确交易不一定会盈利；相反，不正确地执行交易计划，交易也可能盈利。

我可能连续数周、数月不正确地执行计划，但最终交易是盈利的。我也可能正确地执行了交易计划，但最终交易是亏损的。我的目标是正确地执行计划，因为我的信念是：在相当长的时间内正确地交易，我才能在资金的剧烈波动中得到净盈利。我会按月、按季、按年分析我的交易。

我问自己的第一个问题是：交易计划是不是和市场契合。我不打算优化交易法则。我不太相信优化，那是傻瓜玩的游戏。根据历史走势修改交易法则，不能确保适应以后的走势。

1980年以来，我就是私人飞机驾驶员。我曾有过好几架不同的飞机。飞机上有个仪器叫"垂直速度显示器"，能衡量爬升或者下降速度。它是追踪过去的设备。

按照这个设备飞行，就是根据以前的资料驾驶飞机。每次提及优化，我都会想到这个设备。过去的已经过去了。过去15分钟能用的法则，未来的15分钟未必能用。

我真正感兴趣的是市场是否出现了现象级的变化。我们不能奢望某个交易方法适用于所有的行情。方法必须调整。成功的交易方法都必须根据变化的交易形势而变化。

我的交易计划这些年来总是会根据市场形势而调整。比如，形态的可靠性比二三十年前要低。即使是事后看有效的形态突破，也没以前干净利索。还有，形态的目标价位也不如以前可靠。

因此，我会对交易方法做些调整，这是基于与市场行为有关的一般趋势的。不过我没兴趣为了优化最近几个月或者最近几个季度的交易业绩而调整我的方法。

我问自己的第二个，也是更重要的问题是：实际走势是不是跟交易计划契合，我有没有在一定程度欺骗交易计划。如果用纯机械的交易系统，这个问题就很容易回答。但我用的是酌情判断的主观方法。每个决策都基于主观判断。我设计了一套评价系统（一个问题组合），来评估实际交易与计划是否契合。这些问题包括：

（1）我在一定时间里做了多少笔交易？如果超过16或18笔，我就知道，自己过度解释了走势，接受了过小的形态。如果不足10或12笔，我就知道，自己畏惧交易，要采取不那么保守的姿态。

（2）所有的交易都分布在哪些类别里？

（3）所有的交易，不论是否盈利，能否经得起历史的检验？

（4）我交易的形态是否属于最近12个月内的四五种经典形态？我是否交易了过小的形态？

（5）我是否在盘中冲动下单了？绝大多数的交易决策与交易订单是不是在非交易时段做出的（午盘结束以后）？

（6）我有没有过早调整止损，以保护浮盈？我认为，交易决策应基于市场表现，而非账户资金变动。

（7）胜率有多高？属于净盈利单子的比例有多大？

（8）每笔交易的平均风险有多大？如果平均风险低于总账户资金的0.6%或者高于1.0%，就要想想如果风险为正常的0.8%，交易结果又该怎样。

（9）在以后调整的时候，有没有涉及资金与交易管理方面的调整之处？

我认识的每个成功的交易者都会利用某个方法评价其交易业绩。我的方法未必适用于别人。我要强调的是：要衡量并改善交易业绩，交易者必须得有一套机制。

我是形态交易者。我可以相对精确地界定交易信号（幅度与性质）。我能事后清晰地看出在每个信号发出时该怎么做。对我来说问题在于：我的交易在多大程度上契合了实际的盘中走势。我永远都无法给出完美的主观评价，但我已经形成了一套分析自己交易的方法。

我还会按季、按年分析我是否良好地执行了我的交易风险管理和交易管理。我会在这些方面进行统计分析。

交易方面的自我分析也值得特别一提。一个愚蠢的错误会引发另一个愚蠢的错误，以致形成恶性循环。此时，交易者要学会放手。主观型交易者尤其应该放手。主观决策更容易受到情绪的负面影响。有时交易者会感到自己深陷其中难以自拔。当出现这种情况时（不是"如果"），最好暂停交易。记住，下一个月、下一个季度、下一年度还会有交易机会。

信念提升

最后一部分不管是对新手，还是对专业交易员都是最难的，与信心有关，即提升自己的交易操作信心。

很多交易者用战争语言来描述金融交易，用战争术语来解释交易概念。我自己的体验是金融交易像职业运动。职业运动选手会开诚布公地承诺全心投入。你听过多少这样的表述，"这个运动员状态很好""他信心十足""他在场上（跳的时候、比赛的时候）太紧张了"？

或许你已经考虑到了交易计划中所有可能的状况，不过还是有疑虑，还是没信心，所以不完全相信系统。癌症与心脏病是美国人健康的两大杀手，怀疑与犹豫是破坏健全的交易计划的两大杀手。

信心对新手和专业交易者来说永远都是最大的问题。要是我说我没这个问题，那明显是在撒谎。有人把"信念提升"定义为"在人性之河中逆流而上"。我深以为然！

有经验的交易者清楚地知道自己什么时候会在交易上犯错。我知道自己什么时候会打烂球。"控制情绪"是交易者最难过的坎，也是必须过的坎。

交易者必须每天忍受恐惧、贪婪、期待、疑惑、犹豫等情绪的干扰。我必须专注，执行交易计划才是真正重要的，最近一笔或者最近连续几笔交易的结果是不相关的。如果最近的 10 笔交易都成功，那么接下来信赖交易计划就比较容易。可是，如果最近的 10 笔交易都亏损了，情况就会截然不同。

当我在一系列的交易中被左右打脸时，我身上的每个毛孔都对下一个信号唯恐避之不及。当我在一系列交易中的盈利变为亏损时，我下次就会急切地找个理由把小幅盈利装入囊中。

恐惧与贪婪总是试图把我带偏。如果你也深陷其中，请务必记得你不是唯一一个。

本章要点

要素交易计划包括三大部分，每个部分又包含几个要素。

基础部分

- 适合投机的个性与秉性。
- 充足的资本。
- 全面的风险管理哲学与原则（整体风险管理）。

交易计划的构成部分

- 识别潜在交易机会的方法。
- 进场。
- 管理每笔交易风险的框架（交易风险管理）。
- 决定怎么砍单、结利的程序（下单管理）。

个人部分

- 隐性因素：熟悉交易计划，遵守交易纪律，保持耐心。
- 分析交易业绩、调整交易程序的信息反馈机制。
- 信念提升。

| 第三篇 |

DIARY OF A PROFESSIONAL COMMODITY TRADER

21周的交易日志：旅程开始

本书第三篇记录了我在2009年12月～2010年4月每个交易日、每个交易周、每笔交易、每次情绪、每次成功的情况。时间周期与日期随机选择，表现了一般性的交易情况。我提前也不知道每一笔交易能不能赚钱。

第8～12章，一章就是一个月的情况。我按照进场顺序讨论所进的单子。如果一个品种进场不止一次，我还会有所对比。

我会解释每笔交易的进场原因，怎么管理这笔交易，并给出事后的总结。如果讨论和教训重复了，就略过一些交易不谈。你能在本书"附录A"中找到所有的交易信号。

我从1981年以来就开始做交易日志，记录会对我的交易有所帮助。只要有价值或者有教育意义，我都会记下来，包括：交易技巧、交易机会、交易计划方面的挑战、情绪波动等。我会在月底或季末分析我的交易。我会从每个分析中选取一些内容。

我在交易上面临的最大挑战是把"要素交易计划"的每个部分运用于盘中的交易。我认为，每位专业交易者都知道自己"应该"怎么做，但真正做起来困难重重。

有效的交易信号（区别于赚钱的交易信号），无论是进场的还是出场的，都应该经得起事后检验。在已经走出的图表上识别形态，跟在盘中实时交易完全是两种情况。

要结合事后观察与即时反应两个不同的时机是个很大的挑战。我不允许自己在任何时候对任何具体图表解读得太多。形态要充分地自然形成。

衡量成功与否的标准是我的交易原则在多大程度上是与市场契合的。没有哪一种方法是完美的，市场与交易方法之间不可能总是契合的。真正重要的是我必须正确地遵循交易原则。

对于每笔交易，我会讨论下列条目：

- 进行交易的市场。
- 交易类别（参考第5章）。
  - 主要形态（突破信号）。
  - 主要形态（预期性信号提前进场）。
  - 主要形态（加仓信号，趋势里的中继形态）。
  - 次要反转或整理信号——日线图上没得到周线图确认的形态。
  - 直觉交易。
  - 其他交易（受短期动能或其他因素驱动）。有些根据的是可能形成的形态而非已经形成的形态。
- 认定的形态。
- 使用的出场法则（参考第3～5章）。
  - 最近交易日法则（最近交易小时法则）。
  - 回测失败法则。
  - 追踪性止损法则。
  - 目标价位。
  - 干扰形态——最近交易日法则重新设定或显示趋势反转。
  - 其他。

对每笔完整的交易，我会展示一两份走势图并进行说明。我在开始做这些之前心里有没有什么期待？当然！请记住，我是个保守型交易者——我目前采用的杠杆只是之前的1/3左右。我比几十年前更不愿意承担风险。每笔交易的杠杆取决于我的信心和突破信号暗示的风险。

"要素交易计划"并不奢望尽快把10万美元变成100万美元。我的目标是在资金不产生重大波动的情况下每年保持两位数的收益率。交易不顺时我会缩小开仓规模。反之,我会加大开仓规模。我知道,拉斯维加斯的老赌徒会说我应该反过来——亏损时加大杠杆,盈利时降低杠杆。

"要素交易计划"使用的杠杆比较保守。对此,很多读者感到诧异。其实,我考虑的是交易资本中的"单位",每一单位交易资本都是10万美元。杠杆是指每10万美元交易多少手合约。

举例来说,我说每个交易单位做多或者做空半手合约,指的是每20万美元交易1手合约。在交易外汇时,我说每单位资本做空35 000英镑/美元,指的是每10万美元做空35 000英镑。

如果我能在未来5个月盈利10%～15%,那我真是太高兴了。反之,如果走势不配合,或我很不好地执行了交易计划,我就要尽量做到本金不失。

我从开始记录日志时就发现,如果我跟市场保持好距离,业绩就会很好。反之,如果我想在盘中根据实时行情下单,往往会想太多。

写这本书导致我更紧贴市场,可能会对判断产生负面影响。不过这也使得我有机会分享自己情绪波动方面的情况。

拿上计划,把担忧放下,旅程开始了!

| 第 8 章 |

第一个月：2009 年 12 月

我带着前两个月交易受挫的结果进入到 2009 年 12 月。尤其 11 月，这是一个悲惨的月份。这段时间我怎么做都不顺。

看看这些糟糕的事实：10 月与 11 月交易 27 笔，24 笔亏损，3 笔盈利（还有个带浮盈的持仓）。胜率只有 9%，不是统计异常能解释的。不过，尽管失败率达 91%，但实际亏损只有总账户资金的几个点。从过往业绩看，我的胜率是 30% 左右。

如果你对期货交易不熟，看到 30% 左右的胜率可能会觉得诧异。你可能认为，一笔交易的胜率和失败率不应该是各 50% 吗？请注意，我的止损很窄。一般而言，我希望用 1 美元的风险赚取 3 美元的盈利。我的盈亏比是 3∶1。盈亏各占一半概率的说法并不适用。

另外，在一些时间不长的连续交易中，我的交易胜率可能只有 10%～20%。我们可以通过统计公式算出 33% 的长期胜率的随机分配，并绘出概率分布的钟形曲线。

27笔交易中亏钱的交易占91%，这种概率已经在钟形曲线的极端范围内。事件发生的标准差很大，但还可以解释。请注意商品或外汇的交易结果跟扔硬币或掷骰子不一样，它不是随机事件。扔硬币或者掷骰子是没有情绪的，但交易者有情绪。

我最近遇到的连续亏损包括一些自我毁灭型的交易，它们扭曲了随机统计的分配情况。钻进市场的坑，可能引发防御型交易操作，这会加大交易亏损。那么，这是怎么发生的呢？

主观型交易者受到情绪干扰最难去做的交易（身体每个毛孔都唯恐避之不及），往往是最理想、最该做的交易。相反，交易者情绪上最愿意做的交易往往也最符合市场的传统智慧。不过，传统智慧往往是错的。出现一系列亏损后，主观型交易者会比机械型交易者更容易（至少在潜意识层面）去做看起来更安全的交易。我在这段时间下的单一开始都是盈利的，最后却是亏损的。每年我都会想，要不每单赚个千儿八百赶紧平仓得了。

10～11月的交易分析（本书未展示）显示我交易得太多了。我的市场分析关注的是过短的走势，做了不该做的交易。

交易过于频繁与以下3种类型的交易有关。

（1）为了提前抓住主要的大型形态的突破机会，我采用了太多预期性的信号。这类信号最终是无效的。周线图上的形态要经历很长的时间才能形成。但我在看到它们时，总是抑制不住，急切地想进场交易。

（2）太多条件不好的次要形态。对于这类信号，我该问一个重要的问题：日线图上的这个形态是不是这个品种每年都可能出现的最佳交易信号之一？如果不是，那就不该交易。顺便提醒大家，我说的次要形态指的是日线图上没有得到周线图确认的形态。一般而言，这类形态的持续时间为4～8周，反转形态持续时间为8～10周。

（3）在持续的趋势内部，我在主要形态金字塔加仓信号上不够严谨。

这3种类型的交易叠加起来会让我暂时对交易计划缺乏信心。

进入12月，我在心态上要求自己对形态更加挑剔。每个月不能再交易18～20笔，要降到13～15笔。

还有一点要考量：12月的交易会比较困难。大型交易商面对年底假期，都不大愿意再进场，12月中旬以后的市场成交量会逐步萎缩。另外，这也使得庄家更容易拉抬或者打压价格，故意触发市场指数。这一点很重要，因为我的单子都设有止损。

这是当时的背景。但是我告诉自己："太好了，我就在一段时间以来交易最不顺的时候开始做日志。这还是个最不适合交易的月份。棒极了。"

交易记录

12月，我在12个市场开了13个新仓，其中两个持有到2010年1月。

欧元/美元汇率：第一笔交易
信号类型：主要形态完成

11～12月，我都在关注欧元/美元汇率，等着做空。事实上，我已经做空了两回，一次在11月初，一次在11月中旬，但都被止损出场。图8-1里有一条始于2009年3月低点的上升趋势线，形成了我所谓的对角价格形态（diagonal pattern）。测试趋势线的次数越多，它的支撑性越强。不过，一旦被跌破，就代表着这个交易机会较重要，尤其是在突破之前有过可识别的形态时。

最后，市场头部形成。11月25～26日创出新高，但行情很快就下跌，构成一个常见的多头陷阱。11月27日，价格跌破上升趋势线，一度回测。此时有4种因素支持做空（见图8-2）。

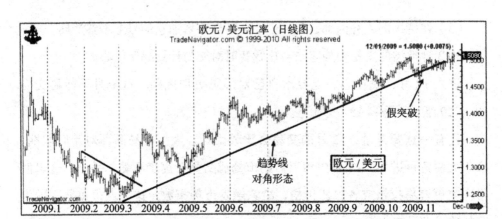

图 8-1　欧元/美元汇率（日线图）：主要趋势线的假突破

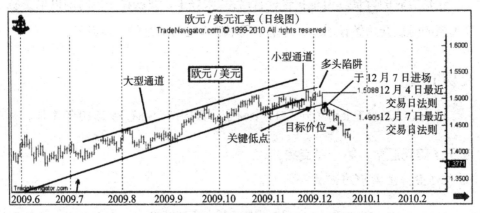

图 8-2　欧元/美元汇率（日线图）：空头走势的开端

（1）多头陷阱。

（2）可能有效跌破主要上升趋势线。

（3）7月以来的价格通道提供了下方的目标价位。跌破通道之后从突破点向下算一个通道高度，就是下档目标价位。

（4）11月的走势形成了一个小型通道。12月，汇价跌破了这个通道。

12月7日主要突破信号出现，汇价跌破了11月27日的低点。根据最近交易日法则设置的止损在12月7日高点之上，但实际上我将它设在11月4

日的高点附近。这个空单相当于每 10 万美元做空 35 000 欧元，风险为账户总资金的 1% 左右。如果把止损放到 12 月 7 日的高点附近，那我的仓位可以再加一倍。

12 月 17 日，汇价达到目标价位 1.4446。

· 回 顾 ·

事后看这波跌势，我发现这只是大熊市的第一波。在目标价位结利平仓后，其实我浪费了一大波行情。我不想摸顶抓底。在一定程度上，我喜欢在 30 码⊖线内攻击，不想跑贯全场。

英镑 / 美元汇率：头肩顶形态
信号类型：两个次要反转信号

11 月底，我一直在想英镑 / 美元汇率形成双重顶的可能性，形态可始于 2009 年 5 月中旬。我通常把双重顶称为"M 头"。10 月的低点就是 M 头的低点。这是个潜在机会。12 月 9 日的跌势完成了为期 7 周的头肩顶形态。如果头肩顶向下突破，就很可能推动双重顶跌破颈线。

12 月 9 日，我每一单位资本做空 5 万英镑，根据交易日法则把止损设置到当天高点之上。不幸的是，12 月 16 日止损被触发（见图 8-3）。

12 月 16 日的高点就是这波涨势的波峰。汇价很快再次下跌，但是我已经没有持仓了。人生就是如此！有时候就会这样！市场有时候会给我重新进场的机会，有时候则不会。就眼下来说，我还有机会，不过得吸取教训。

我对于蜡烛图略知一二，并不熟稔。虽然我相信蜡烛线有助于交易，但我只看得懂柱状图，对于蜡烛线欠缺深入了解。

⊖ 1 码 -0.9144 米。

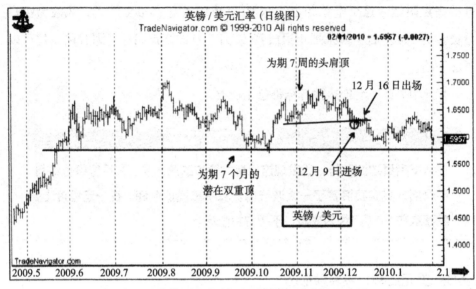

图 8-3 英镑 / 美元汇率（日线图）：潜在的双重顶

多亏我的好友唐·切斯勒（Tang Chesler，他住在南佛罗里达州，是独立市场策略师；Chesler Analytics，www. chesler. us），我才知道有个陷阱形态。唐提醒我，注意蜡烛线的陷阱形态。我没兴趣，也没交易或打算交易 K 线形态组合。

陷阱形态就是失败的孕线（inside bar）。体现在蜡烛图上，孕线组合就是指后一根 K 线高低点均在前一根 K 线之内。陷阱卖出信号指的是孕线组合之后，出现一两天上涨，价格还向上突破了孕线组合中大 K 线的高点，但是突破反转下跌突破孕线低点。陷阱买入信号的情况则刚好相反。图 8-4 与图 8-5 分别是陷阱卖出形态和买入形态。

如果陷阱 K 线组合跟我的市场观点、交易策略一致，我就会很感兴趣。所以，12 月 16 日英镑空头止损后，我觉得可能出现陷阱形态。

12 月 17 日的跌势，发出陷阱卖出信号，同时也让头肩顶再次完成。两个信号彼此确认，我再次做空，每单位交易资本做空 4 万英镑，止损设于 12

月17日高点（见图8-6）。

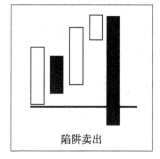

图8-4 陷阱卖出形态

图8-5 陷阱买入形态

图8-6 英镑/美元汇率（日线图）：陷阱卖出形态与头肩顶彼此确认

或许，遭到止损再重新进场的交易挺值得讨论。对前个交易日刚砍掉的空单，立刻又在下方160点位再做空，我会不会感到难堪？从某种角度看，的确会；换个角度看，或许也不会。一天之内错过169点的机会当然不好，但是根据最近交易日法则设定的止损才是我最可靠的资金管理策略。

事后来看，陷阱卖出形态确实向下突破。可是，如果市场没出现这个形态，反而向上发展，那该怎么办呢？此时如果我没依据根据最近交易日法则设定的止损出场，就显得太傻了。记住，陷阱卖出形态不是万能的。如果愿意，我们很容易就能找到它的许多失败案例。

还有一点值得讨论。这两笔虽然都是做空，而且前后挨得很近，但我把它们当作两笔独立的交易，依据各自的规则开仓。因此，从规则的角度说，这两笔交易虽时间上间隔不大，但其实毫无关联。

第二笔交易的目标价位是1.5668。12月30日我平仓，除了紧张之外，没有别的原因（见图8-7）。

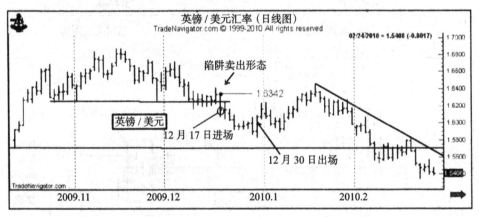

图8-7 英镑/美元汇率（日线图）：小额获利了结

如果根据随市止损的原则，空单将在12月31日出场；如果根据最近交易日法则设置止损，则1月14日出场。这是个例外，实际交易结果好于我遵循的规则。

外汇现货市场交易

我的外汇期货交易生涯始于国际货币市场（International Money Market，IMM，CME的一部分）。20世纪80年代中期，除了期货合约交易外，我开始从事银行间或经纪商外汇现货交易。因为许多理由，我偏爱现货交易。表8-1给出了这两种市场的优点。本书不是专门谈外汇交易的，不提供这方面的资料，但读者可以通过表 8-1 了解两个市场的差别，以助于理解本章内容。

表 8-1 银行间/经纪商外汇现货与 IMM 期货

项目	银行间/经纪商外汇现货	IMM 期货
各种外汇组合	较有优势，主要货币单位和更小的货币单位都可以交易，而且包括了所有的货币组合	只有主要货币单位，而且主要是与美元组合
资金保护	主要靠经纪商信誉	受 IMM 清算公司监管
报价与交易	每个经纪商和交易平台可能报出略有差异的买入价和卖出价	标准报价，单一市场
交易单位规模	灵活	标准
交易量、流动性、每日交易时	更有优势	—
监管机构	商品期货交易委员（CFTC）/美国全国期货协会（NFA）已经介入	NFA/CFTC
保证金要求（杠杆大小）	几乎相同	几乎相同
交易清算	数日后清算，计算利息	同日

IMM 的报价方式都是相同的，以美元为计价货币。举例来说，当前的英镑价格是 1.5985 美元，瑞士法郎是 0.9681 美元，日元是 0.010 906 美元，欧元是 1.4356 美元，加拿大元是 0.9625 美元。汇价表示每单位外汇所能兑换的美元数量：GBP/USD、EUR/USD、CHK/USD、CAD/USD、JPY/USD。

现货市场的报价和交易稍微复杂一些。有些与 IMM 相同，比如 GBP/USD、EUK/USD 等，有些报价刚好与 IMM 相反。

举例来说，加拿大元的现货报价为每单位 USD 所能购买的 CAD 数量（USD/CAD）。USD/CAD 与 CAD/USD 的报价刚好相反。每单位 CAD 价值 0.9625 美元（报价表示为 CAD/USD），等同于每单位美元价值 1.0390 加元（报价表示为 USU/CAD）。

> 两种报价（USD/CAD 与 CAD/USD）之间的转换很简单，1÷0.9625=1.0390，1÷1.0390=0.9625。所以，如果 USD/CAD 汇价上涨，我会做多 USD/CAD，或在 IMM 做空 CAD/USD。
>
> 如果期货交易者想做现货外汇，需要注意：不同经纪商的报价可能不一样。期货交易者知道止损跳点（skid）和滑点（slippage）的差异，两者完全不同。止损跳点是指实际成交价位比设定的止损价位更差，从而遭受损失。
>
> 经纪商通常会按照交易者设置的止损价位执行止损单，几乎没有滑点。可是，有些经纪商采用撮合机制，经常有较大的滑点。我认为，滑点是对交易者的剥削。外汇市场是流动性最强的市场，不该有滑点。滑点使经纪商受益。我们知道哪些经纪商会侵害投机客户。我知道你们是谁。我不想指名道姓，虽然我可以起诉你们欺负小散户。太可耻了！马上停止！你们已经赚了买卖报价的价差，该知足了！

糖3月合约：为期4个月的通道
交易信号：主要突破信号

接下来是我在这个月做得最棒的一笔交易，也是2009年业绩排名前列的交易——事实上，它可位于2009年最佳交易清单之列。

我期待月线图上的糖能再涨一波，但是截至12月初交易受挫。这段时间我做了一些预期性的提前开仓的单子，4笔交易都亏损了。12月11日，市场突破了一个为期3个多月的通道。仔细观察图8-8，你会发现通道的最后4周出现了一个头肩底形态。

有效突破都一样，根据最近交易日法则设置的止损始终没被挑战。我根据每单位交易资金 10 万美元，买入 1 手，风险大约是总账户资金的 0.8%。其实我该开立更大仓位的多单，而且我当时就知道。12 月 22 日，根据随市止损法则我平掉一般仓位（每单位交易资本 0.5 手合约），另外一半在 12 月 28 日平于目标价位 2736。

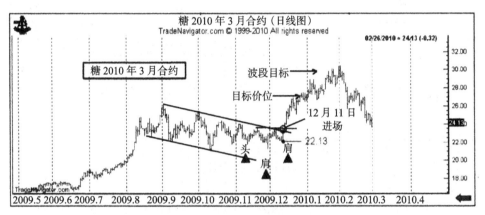

图 8-8　糖市场向上突破为期 4 个月的通道与为期 1 个月的头肩底

· 回　顾 ·

2010 年 1 月，我在市场形成头部前已经做了几笔交易。2009 年，糖是我交易业绩最好的一个市场。某个年份的某个市场可能非常顺利，让我获利颇丰，但某个年份的这个市场也可能赔精光，这没什么不寻常。要注意的是：对我们这种类型的交易者来说，交易的不是市场本身，而是形态，形态叫什么并不重要。

棉花 3 月合约：形态太小而不能交易

信号类型：其他交易

接下来的这笔交易很好地展示了我错过一段大行情时，情绪是怎么主导我的交易决策的。我把一个为期 3 周的三角旗形当作开仓理由，在 12 月 14 日做多。12 月 18 日回测后调整止损，12 月 22 日被止损出场（见图 8-9）。

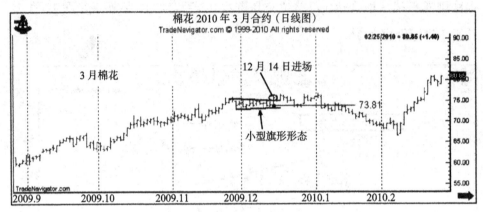

图 8-9　棉花：情绪交易

一旦我错过了某个好机会，随后找个理由随性进场，往往结局都不好。

豆油 3 月合约：左右挨耳光

信号类型：主要突破信号与直觉交易

11 月 16 日价格形成一个跳空缺口，完成了豆油 3 月合约的三角形底部形态。我应该在 11 月 16 日突破时就进场，要不就在 11 月 24 日或 11 月 27 日回测三角形边界时做多。可是我都没有进。要是行情直接走高，我肯定会因为错过行情而懊恼。没办法，最后我在 12 月 15 日市场回测该三角形时进场，认为价格不会填补 11 月 16 日的跳空缺口（见图 8-10）。

图 8-11 显示，12 月 17 日市场完成了一个为期 4 周的头肩顶形态，多单被止损出场。我还反手做空，是根据直觉做的。运行了 4 周的形态，其实是太小了，并不适合做交易。12 月 28 日，价格收盘在颈线上方，我砍掉了空单。我两周做了两笔亏钱的豆油交易。

这两笔交易的风险都是总账户资金的 0.7%。

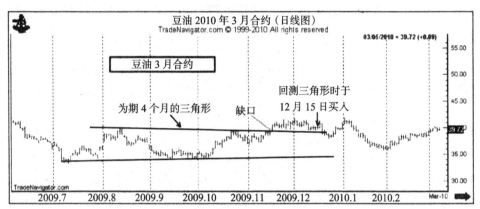

图 8-10　豆油：未能进一步向下运行的对称三角形突破

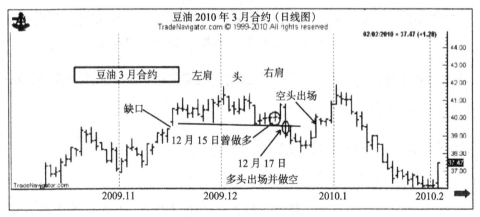

图 8-11　豆油：未能进一步向下运行的对称三角形突破

澳元/美元：头肩顶突破做空与回测做空
信号类型：两个主要突破信号

　　澳元/美元汇率形成了一个为期 10 周的头肩顶形态，有望成为最佳交易之一。这个形态最大的问题是右肩前的低点是一根较突出的柱线。不过我还是认可了它，我认为"功能重于形式"。

12月16日，也就是实际突破的前一天，我进场放空，根据每单位资本放空 45 000 澳元。12月28日，我根据随市止损法则平仓，略有盈利（见图 8-12）。

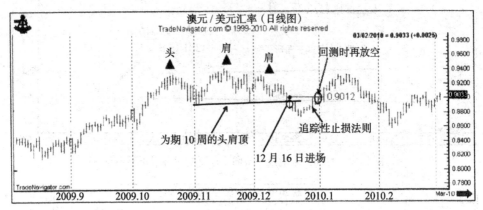

图 8-12　澳元 / 美元汇率（日线图）：失败的头肩顶

12月31日，汇价回测，我再次做空，根据最近交易日法则设定的止损于 1 月 4 日被触发。

DAX 指数 3 月合约：转盈为亏

信号类型：主要突破信号

12月16日，德国 DAX 股价指数 3 月合约完成了一个标准的上升三角形。之后两天，价格虽然下跌，但没有触发根据最近交易日法则设定的止损 5810。12月21日，DAX 看起来好像要涨。当时，每单位账户资本持有 0.5 手合约。

图 8-13 显示这是个假突破，根据最近交易日法则设定的止损于 1 月 21 日被触发。根据随市止损法则调整止损，早在 1 月 15 日就应该出场了，但我太顽固。

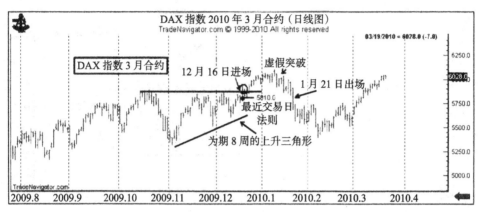

图 8-13　DAX 指数 3 月合约：转盈为亏

像这样的交易很容易让你恼怒，甚至怀疑自己的交易计划与决策程序。DAX 是价值很高的合约。持仓中我曾经有 2800 美元的浮盈，但是后来走势转向，我回吐了所有浮盈，还转为亏损。每天看着市场过山车，并不怎么好玩。我称此为"爆米花交易"。

3 月大豆合约：交易亏钱，但不后悔
信号类型：其他交易

跟之前的豆油交易类似，大豆 3 月合约因为头肩顶只运行了 4 周，也是原本不该做。我在形态实际突破之前，于 12 月 17 日做空，虽然后来下跌了 3 天，但很快向上反转。根据最近交易日法则设定的止损于 12 月 28 日被触发（见图 8-14）。

我想借这段走势进一步说明头肩形态的变化。我曾想重新解释这个头肩形态，把 10 月高点视为左肩，把 1 月初高点视为右肩。这样一来，依据新头肩顶形态做空就能赚钱，止损也不会受到威胁。可我实际上没这么做，原因有二。

图 8-14 大豆：小型头肩顶演变为大型头肩顶

第一，任何反转形态都应该存在可供反转的趋势，但这个更大的头肩顶形态只出现在横盘区间内。第二，在头肩形态的使用上，我更倾向用近乎水平的颈线，也就是左肩与右肩的高度与周期尽量对称。然而，即使如此，这个形态完成之后仍然走出了向下的大行情。

纳指 3 月迷你合约：上升三角形

信号类型：次要整理信号

12 月 21 日的上涨完成了一个为期 3 周多的上升三角形，我每单位资本做多 1 手迷你合约。我也可以把形态解释成一个为期 6 周的头肩底，不过左肩有些不匹配（见图 8-15）。

因为目标价位较近，我选择了第一种看法。当时我认为，上升趋势已经走了很长一段时间，有调整需求，所以不想看太远。12 月 28 日，更低的目标价位达到了。

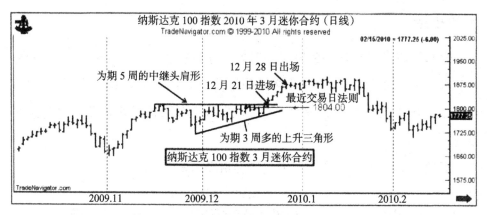

图 8-15　纳斯达克迷你合约：上升三角形

美元/加元汇率：毛刺走势

信号类型：次要反转信号

12 月 29 日做空，这其实只是个毛刺走势。空单在 12 月 30 日根据最近交易日法则止损出场（见图 8-16）。

做空当天，市场收盘的方向与之相反，这不是个好兆头。如果我当天果断砍掉，整体交易业绩也会提升。

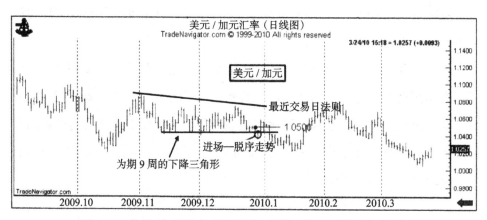

图 8-16　美元/加元汇率（日线图）：下降三角形不顺，继而失败

本章小结

交易可能出现亏损，会出现亏损日、亏损周、亏损月，甚至是亏损季、亏损年。我都遇见过。12 月的交易很不容易，11 月有浮盈的单子到 12 月都没了。本书的交易日志是从 12 月开始的，因此我只评价这个月的交易情况。

对照"要素交易计划"，12 月的交易情况如表 8-2 所示。

表 8-2　2009 年 12 月分类后的交易信号

信号种类	12 月进场（次数及百分比）	历史基准
主要形态		
完成	6（46%）	4（19%）
预期性	0	2.5（13%）
加仓	0	2.5（13%）
次要形态	4（31%）	5（26%）
直觉交易	1（8%）	3（17%）
其他交易	2（15%）	2.5（13%）
总计	13（100%）	19.5（100%）

我不太在意某个月交易的状况是不是偏离了历史正常基准，我在意的是整季或整个年份。

2009 年 12 月新开仓 13 笔，11 笔在本月平仓，其中 5 笔盈利，6 笔亏损。胜率超过 30% ～ 35% 的历史基准。

这一季度对我来说十分艰难。好多笔交易都是在刚开始时表现良好，但是不久走势反转，单子开始亏损。还有些交易因为我过快地收紧止损，导致仓位止损出场；其实，走势最终确实是朝着我原来预期的方向运行的。商品交易顾问这一季度的日子也不好过。图 8-17 是领先短期商品基金指数（Lyxor Short-term CTA）的走势图。

该指数在第四季度是下跌（6.2%）的。然而，我觉得，应该比较自己的业绩，而不是跟别人的做比较。其实，发现交易计划的不足之处并加以改进并非难事。

图 8-17　领先短期商品期货指数走势图

在分析一段时期的交易表现时，我会考虑 3 个层面：

（1）行情类型（趋势或震荡）？

（2）我的交易计划、交易法则与市场之间的契合度？

（3）执行交易计划的表现如何？

要经历什么样的行情类型是个不可控的变量。我没法改变市场行为。虽然我不可能针对某个或者某一系列的交易改变交易法则，但大体上我能够控制自己的交易计划。我在执行交易计划方面，能在多大程度上正确执行——反过来，就能在多大程度上违反自己的交易规则。

完全可信的是，我宁可正确执行计划而赔钱，也不愿管理不善交易，不按照计划交易，篡改交易信号，最终却挣钱。

12 月的交易总计盈利 1.5%（有些单子是在隔年 1 月平仓）。如用市价结算的方法计算，12 月业绩为 +0.04%。

本书"附录 A"列出了逐笔交易的完整记录。

| 第 9 章 |

第二个月：2010 年 1 月

我真的很高兴，2009 年第四季度已经成为历史。我要开始新的一年了。2009 年的前 9 个月我只交易自己的资金，账户是赚钱的，得益于糖与黄金。自有账户没能持续执行"要素交易计划"，因为我开始为一个商品共同账户（我是主要股东）做准备。这个共同账户长时间的准备在 2009 年 10 月完成，交易也刚好遇上权益下降。第四季到处是教训。我不喜欢这类教训，将来也不会喜欢，其中的滋味并不好受。

账户权益回撤是交易者生活的一部分，能够推动交易者反思。交易顺手时，交易者很容易忘掉交易挫折带来的威胁和困扰；交易不顺时，交易者也很难想起顺手时的美好。

过去 17 年来，在我全力交易自有资金时（其间我也曾离开市场从事某种非营利项目），账户每年都会出现一段较大幅度的权益下降（见表 9-1，按照严重程度排列）。

表 9-1　Factor LLC 的最糟账户净值回撤

期间	资金波峰到波谷之间的回撤幅度，月末①	该回撤所耗时长（月数）
1981.12 ~ 1982.3	（33.7%）	4
1986.4 ~ 1986.7	（32.2%）	4
1987.9 ~ 1988.4	（27.2%）	8
1982.7	（26.3%）	1
1985.3 ~ 1985.6	（21.1%）	4
2008.3 ~ 2008.5	（19.7%）	3
2007.1 ~ 2007.3	（19.5%）	3
1983.12 ~ 1984.2	（18.2%）	3
1988.7 ~ 1988.12	（15.4%）	6
1984.7 ~ 1984.10	（12.9%）	2
1985.8	（11.8%）	1
1989.4	（11.6%）	1

① 以上资料是根据自有资金交易实际绩效整理的。"要素交易计划"目前采用的杠杆是 2009 年 10 月的 1/3。本书最后的"注释"包含 Factor LLC 历史绩效的揭示陈述。

我想强调，金融交易不是每个人都能玩的简单游戏。金融交易相当艰苦。表 9-1 里的资金回撤都在我能承受的风险范围之内，杠杆明显较高。"要素交易计划"的进出场策略与过去之间没大的差别，但现在的杠杆只是过去的 1/3。

降低杠杆，账户权益的回撤也下降了，不过这也会影响获利能力。我经历过权益回撤，以后还会经历。

识别交易机会

我希望在新的一年找到盈利潜力最高的交易机会。2010 年我挑选了 6 个机会：做空英镑/美元汇率、做空标准普尔指数、做空美国长期国债、做多黄金、做多糖、做空道指。这些选择的正确性有多高？请看本书附录。

英镑/美元汇率：构建大型双重顶

这个货币对最重要的形态仍然是周线图上为期 7 个月的双重顶（见

图 9-1）。汇价收盘只要跌破 1.5600，形态就算完成。下方目标为 1.440，甚至是 2009 年的低点 1.3500。

我认为，这个单可能成为 2010 年的最佳门面交易之一——问题是我的交易法则是否契合这波跌势。

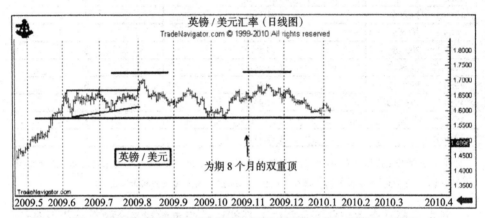

图 9-1　英镑/美元汇率（日线图）：可能发展为为期 8 个月的双重顶

标准普尔 500 指数：即将突破通道

美国股市从 2009 年 3 月的低点开启了一波创纪录的牛市。一些迹象显示股市上涨乏力。图 9-2 显示，市场出现一个为期 6 个月的通道。数月以来指数未测试通道上沿，上升动能匮乏。

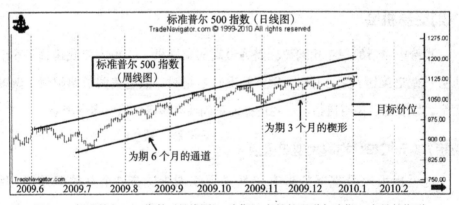

图 9-2　标准普尔 500 指数（月线图）：为期 6 个月的通道与为期 3 个月的楔形

最近两个月，走势形成一个上升楔形。上升趋势中的上升楔形通常会向下突破。具体到这个市场，向下突破后的下方目标将是1030，然后是980。

美国30年长期国债：每个时间周期都是熊市

如何解读"主权违约"（sovereign default）？美国长期国债走势图预示着一场大灾难即将发生。这里有3份图表。第一份是季线图（见图9-3），追溯到20世纪80年代初期，出现一个通道形态。早晚要向下突破，下方目标可以利用通道幅度来测算。

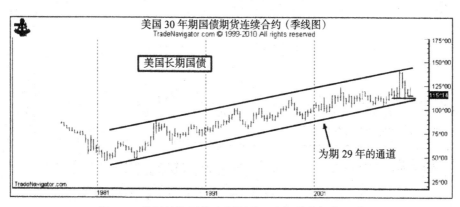

图9-3　美国长期国债（季线图）：为期数十年的通道

图9-4是美国长期国债连续合约周线图，出现了一个为期29个月的头肩顶。形态的发展会推动价格向季线图通道下沿运行。目前来看，右肩似乎与左肩不对称。若能对称，右肩应该形成于2010年3～4月。我猜测2010年2月目标会将达成。

最后，图9-5是日线图。周线图上的头肩顶右肩本身在日线图上形成潜在的复杂头肩顶。现在缺的是"右肩"。所以，现在需要一波不过高点121的上涨，然后价格测试颈线。

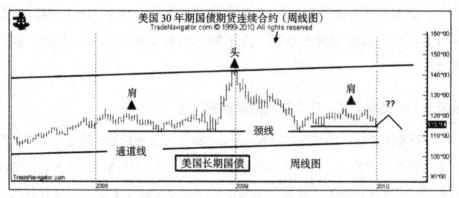

图 9-4　美国长期国债（周线图）：为期 2 年的头肩顶

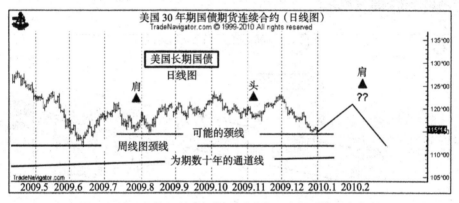

图 9-5　美国长期国债（日线图）：为期 6 个月的潜在头肩顶

黄金：多头市场

图 9-6 就是本书第 6 章中的图 6-10。2009 年 10 月的涨势完成了黄金周线图与月线图上的头肩底。上方目标价位为 1350，目前还未到。

糖：季线图指向 60 美分

糖市场相当"妖"，再精明的糖交易者也会被其部分走势唬住。图 9-7 显示，已有两波糖涨势符合"爆米花涨势"：突然走高，又很快下跌。虽然 2010 年 1 月的这波涨势也可能突然结束，但更长期的图表指向 60 美分。图 9-7 的季线图来自 1981～2009 年，这是一个很大的底部。如果上涨得以启动，可能很容易就创新高。

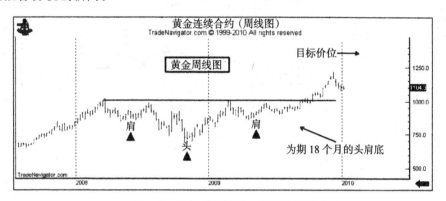

图 9-6　黄金（周线图）：头肩底整理

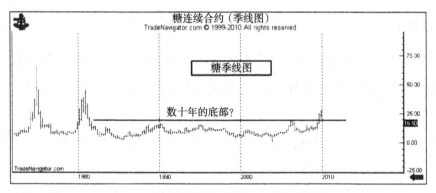

图 9-7　糖（季线图）：为期 28 年的大底部

道琼斯工业指数：大头部

虽然季线图与年线图不适合用于交易，但能让我们进行一些"疯狂"的预测。图 9-8 是用半对数格式（semilog）绘制的道琼斯工业指数季线图，时间跨度达数十年。我无法无视潜在的头肩顶。如果这种解释正确，那么眼下市场应该正在形成"右肩"。假定左右肩能对称，那么右肩高点应该落在 2013 年（±1 年），位置大约是 11 750。当前道琼斯工业指数为 11 500，所以我会持股。我提到这张图,主要是觉得有趣——至少目前是这样的。

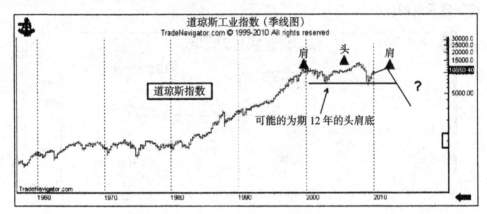

图 9-8　道琼斯工业指数(季线图):可能的为期 12 年的大头部

计划修正

我对 2009 年第四季度的交易活动和业绩进行了一番严肃的心灵探索,决定策略性地调整"要素交易计划"。调整主要着眼于交易笔数方面,即每月交易笔数。

我的目标是:在等待交易信号时,提高形态符合条件的标准。我需要更严格地遵守纪律并更加耐心。

本书之前讨论过我个人交易上的弱点:喜欢在形态尚未完成时提早介入。表 9-2 体现了调整之后的"要素交易计划"的性质。

基本上,我不能控制某笔交易或几笔交易是否能盈利。赚不赚钱不是可控变量。我只能控制自己的下单流程和风险参数,这些是可控变量。我调整的主要是交易计划的信号标准和交易频率。

除了信号标准,最近几个月还有一方面需要调整。10 月以来,每笔交易承担的风险平均为总账户资金的 0.5%。这太低了,不符合交易计划风险管理的要求。

表 9-2 修正后的要素交易计划

信号种类	此前的基准	修正后的基准
主要形态		
完成	4.0	4.0（29%）
预期性	2.5	1.5（11%）
加仓	2.5	1.5（11%）
次要形态	5.0	4.0（28%）
直觉交易	3.0	2.0（14%）
其他交易	2.5	1.0（7%）
总计	19.5	14.0（100%）

我通过两种方式调整：①设置稍宽松的初始止损；②增加杠杆（增加每单位交易资本的手数）。

我对最近交易日法则很满意，所以准备提高每单位资本交易的合约手数。不过我想在实际调整之前能看到一两个月的较理想的交易业绩。我希望杠杆提升需要的资金来自市场而非我的钱包。也就是说，我希望通过盈利而非追加资本来增加杠杆。

我用这套修正后的交易计划开始了 1 月的交易。

交易记录

7 月糖：楔形

信号类型：主要突破信号

2009 年 4 月以来，我做多糖相当成功（虽然也出现了一些亏损交易）。我认为，糖还有一大波牛市行情。其实我心里认为糖很可能涨到 60 美分，挑战历史新高。所以我紧盯着糖，寻找做多机会。

1 月 4 日，为期 2 周多的楔形向上突破，同时也确认了一个为期 4 个月的矩形突破。我每单位资本买进 1 手合约，风险为总账户资金的 0.6%。

这个小型楔形出现在矩形上边。一般而言,小形态的完成经常会带动更大形态的突破。可是涨势很快就没了(见图9-9),根据最近交易日法则设置的止损于1月11日被触发。

图9-9 糖日线图:楔形突破确认矩形突破

3月玉米:提前建仓

信号类型:次要整理信号

这笔交易充分说明突破走势不能太勉强。有效突破应该是明确的。形态边界太窄就会引发假突破或过早突破。这笔玉米交易就是这样的,风险是0.6%。

形态边界不同,交易结局就会不同,可能是"不交易",也可能是"亏损"。图9-10给出的为期10周的三角形上限将我的做多价格设在10~11月最低价之上1分。结果,几个小时后止损就被触发了。我该让市场更明确地展现其想法。

有效的突破应该明确,此时即使承担更大风险也可以。如果画出水平的形态上边,结果就是没"突破"(见图9-11)。

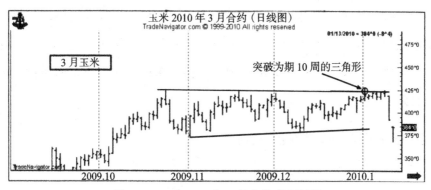

图 9-10　玉米 2010 年 3 月合约（日线图）

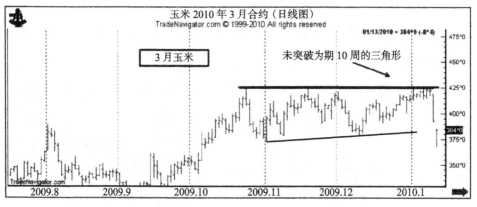

图 9-11　玉米（日线图）：同一图表下的不同看法

· 回　顾 ·

事后想想，我看涨玉米，交易很明显受到这个倾向的影响。我急于做多。作为交易者，我必须随时提醒自己，绝对不能让主观倾向或观点影响客观交易。看多或看空只是一种情绪，但主观倾向不重要，更重要的是能客观地交易。

这笔交易还有一个错。一般来说，如果农作物、软性商品与牲畜的突破出现在隔夜电子盘,信号往往就是不可靠的。本书第 5 章在谈订单管理时曾经说过这个问题。玉米市场的小幅突破出现在隔夜电子盘,是个上冲下探的走势。虽然我的买入限价单太靠近前高,但如果是在白天正常时段内,可能不会成交。

美元/日元汇率:棘手的上升楔形
信号类型:次要反转信号

我已经注意日元走势好几年了,认为美元应该会对日元贬值,走一大波行情,依据是来自月线图的大型下降三角形。汇价于 2008 年 10 月向下突破(见图 9-12)。如果形态有效,下方目标价位应为 60 ～ 65 日元。所以,我非常看空美元/日元汇率。

请注意,这种倾向是基于清晰的技术面依据的,而不是因为喜欢日元。

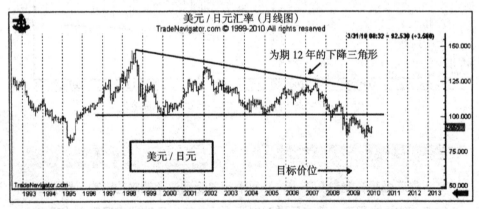

图 9-12　美元/日元汇率(月线图):为期 12 年的下降三角形

如图 9-13 所示,上升楔形反转形态于 1 月 12 日完成。我做空,每单位资本做空 3 万美元。2 月 3 日,空单根据随市止损法则止损出场。

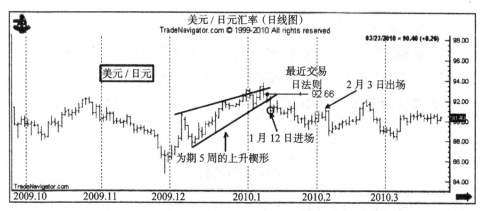

图 9-13　美元 / 日元汇率（日线图）：为期 5 周的上升楔形

纳斯达克指数 3 月迷你合约：短期形态引发快速损失
信号类型：其他交易

我 12 月曾经成功地做多纳指 3 月迷你合约。之后，我想当然地认为，美国股市明显高估，熊市早晚要出现。因此我利用一个为期 2 周的扩张顶做空，每单位资本 1 手合约（见图 9-14）。根据计划，我是不能交易不足 8～10 周的次要反转形态的。第二天，根据最近交易日法则，空单止损出场。

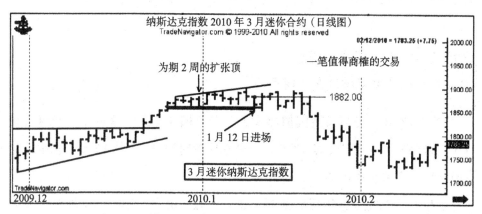

图 9-14　纳斯达克指数（日线图）：为期 2 周的小型扩张顶

> **· 回 顾 ·**
>
> 这笔空单的依据没什么道理。事后看,这笔交易更不理性。那时我认为股市应该下跌。分析走势难免受到主观倾向的影响。可是,识别有效形态与臆想形态以支持自己的倾向之间应该有清晰的界限。

形态解释的重要性

阅读至此,各位可能会问:

- 形态发展到什么地步才能被称为形态?
- 识别形态是不是纯主观的事?
- 两个人对于一段走势图的看法不一样该怎么办?

我认为,这些都不是问题。在整个框架里,识别形态是最不重要的环节。交易程序与风险管理才是决定交易成败的关键。每位成功的交易者挑选交易品种的方法都不相同。专业交易者筛选交易信号的方法各有不同。所以,即使形态解释有缺陷,我也并不会特别在意。长期的交易成功并不取决于精准地判断价格形态。

3月长期国债:回测双重顶
信号类型:主要突破信号、回测

12月12日,美国长期国债形成了一个为期4个月的双重顶。当时我错过了突破信号。一直到1月13日,我才在回测时做空。1月15日,根据回测失败法则,空单止损出场。

发生在形态完成数周后的回测,通常不怎么可靠。最好的是那些突破后就不回头的机会。

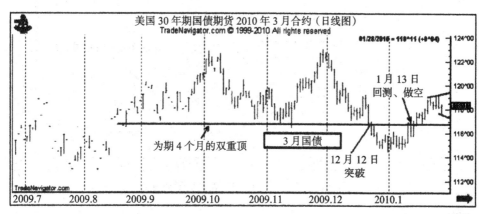

图 9-15 美国长期国债日线图：为期 4 个月的双重顶回测失败

3 月玉米：典型突破缺口
信号类型：主要突破信号

走势图上的缺口大多数都是形态缺口，发生在价格柱状线之内，通常几天或几周就会被填补。然而，突破形态边界的缺口就应该被视为潜在的突破缺口。真正的突破缺口不会被填补，至少在趋势运行告一段落之前不会被填补。请注意，如果形态借助跳空缺口突破，通常很有意义，后期往往会超过形态蕴含的目标价位。

1 月 13 日，玉米市场借助大型跳空缺口（8 美分）向下突破为期 12 周的三角形。因为事先实在没想到，所以我当时没有设置卖出限价单。1 月 14 日，当价格回测冰线时，我做空。根据最近交易日法则，交易这类跳空缺口时的止损是跳空前一天的收盘价（见图 9-16）。

根据随市止损法则，这个单在 2 月 16 日出场。

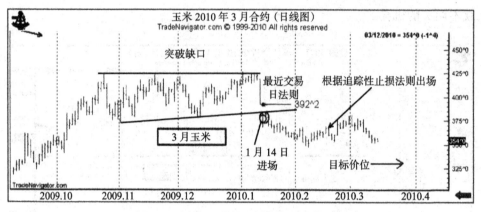

图 9-16　玉米日线图：突破缺口形成顶部

·回　顾·

这笔交易的止损应该继续用最近交易日法则设置：大型形态完成之后是不太容易失败的。使用随市止损法则，导致这个大形态没有足够的闪转腾挪的空间（三角形目标价位最后还是达到了）。

3 月小麦：对称头肩顶形态
信号类型：主要突破信号

玉米 3 月合约向下突破的第二天，小麦 3 月合约也完成了一个标准的为期 13 周的头肩顶（见图 9-17）。本例最大特点是形态左右两侧在运行周期或幅度上十分对称。小麦空单跟玉米一样很快就根据随市止损法则出场了（截至 2010 年 6 月走势达到并超过了形态目标价位）。

历史上，随市止损法则是不错的风险管理工具，但 2009 年我用得不太好，单子太早就出场了。我做了些修正，改为等价格接近目标价位时才使用。后面我们再讨论。

图9-17 小麦（日线图）：头部的向下突破缺口

欧元/日元汇率：小型头肩顶启动大型头部构建

信号类型：主要预期信号、主要突破信号

最近几个月，我一直在关注欧元/日元汇率周线图上的大型圆形顶（见图9-18）。我希望其间能出现个小型形态，以提前进场。

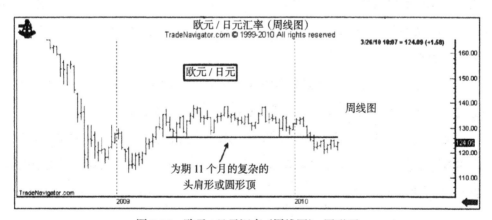

图9-18 欧元/日元汇率（周线图）：圆形顶

图9-19显示，日线图上的小型头肩顶于1月15日完成。我说过，这种小形态不适合交易。单独说某个形态确实如此，但也要配合周线图的表现来

看。面对大形态，"要素交易计划"允许借助这种小形态建立预期性仓位。所以，我每单位资本做空 3 万欧元。

图 9-19　欧元／日元汇率（日线图）：圆形顶末期阶段

这笔交易的目标价位是测试周线图颈线。1 月 21 日，目标达到，我结利平仓。有时候，我会持有预期性仓位，以判断是否能发生大型突破。在这个例子中，我决定不等了。

1 月 26 日价格下跌，完成了一个为期 10 个月的圆形顶或复杂头肩顶，我再次做空。

我的杠杆较小（每单位资本做空 2 万欧元），因为根据最近交易日法则设定的止损远超 200 点。3 月 5 日，我根据随市止损法则出场。

读者应该会发现：这段时间交易的玉米、小麦和欧元／日元汇率等总是过早出场（止损太窄）。坏习惯藏在细节里，而且理由还很充足（尽可能保护浮盈）。我得解决这个问题。

· 回　顾 ·

交易困境永远有。交易者不可能彻底解决所有问题。解决了一个问题会出现另一个。

标准普尔指数 3 月迷你合约：空单管理不当
信号类型：两个主要突破信号

在 1 月剩下的时间里，我交易了两次标普指数迷你合约。

我一直在关注一个为期 3 个月的上升楔形。注意，这个楔形的下限可以追溯至 2009 年 3 月的重要低点。

1 月 19 日盘中指数跌破形态下边，我进场做空，但这个单当天就止损出场了（见图 9-20）。

1 月 21 日，走势跌破楔形，我以更大仓位做空（每单位资本交易 1.5 手合约）。风险达到总账户资金的 1.2%，明显超过正常水平。当时我的想法很简单，想博个好彩头，做好 2010 年的开局。其实，我认为这笔交易的收益可能让账户资金增加 7%。毕竟，2009 年的大牛市已经成为历史了——当时就是这么想的。

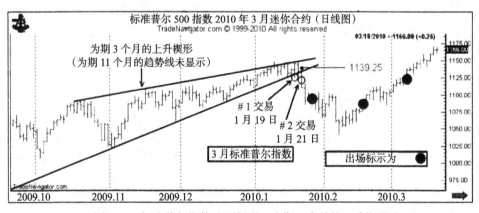

图 9-20　标准普尔指数（日线图）：为期 3 个月的上升楔形

1 月 26 日，我在初步目标价位 1086 获利了结 1/3 仓位。下一目标为 1010，我觉得市场会很快到达。2 月 16 日，另外 1/3 仓位根据随市止损法则出场。令人尴尬的是，剩下 1/3 也没盈利，于 3 月 5 日在入场位附近止损出场。所以，这笔交易是典型的"爆米花交易"。

· 回 顾 ·

虽然进场有点问题，但 1 月 19 日做空标准普尔指数的交易还是合理的。1 月 19 日之后，走势下跌才能使这笔交易经得起历史检验。好的交易（相对于获利交易）是走势配合的交易。

糖 5 月合约：适当的加仓交易

信号类型：主要加仓信号

一想到糖可能涨到 60 美分，我就兴趣大增。1 月 19 日，糖 5 月合约完成了一个小型三角旗形，我进场做多。主要趋势运行中的小型整理形态往往是很好的加仓机会。2 月 13 日，收盘价跌破主要上升趋势线，多单根据随市止损法则出场（见图 9-21）。

图 9-21 糖（日线图）：为期 8 天的三角旗形

成交量的重要性

爱德华兹与迈吉很重视成交量。他们认为经过成交量确认的形态才算完成。

本书不考虑成交量的问题，原因是：

第一，外汇市场不提供成交量数据。

第二，我认为相比商品市场，成交量对股市更重要。股市要考虑股票发行量。

期货合约没有固定的发行数量，所以任何一个交易日或一周的成交量没有参考标准。未平仓合约（或者持仓量）也没有上限。任何期货合约的最初持仓量为零，期末持仓量也为零。

有些交易者可能很关注成交量与未平仓量，但我不怎么关心。

黄金4月与6月合约：重新界定为期3个月的形态

信号类型：直觉交易、次要反转信号、次要整理信号、两个次要反转信号、一个主要预期信号、一个主要突破信号

· 回 顾 ·

本段写于4月初。此前，从1月开始我连续做了几次黄金交易，屡屡受挫。此时，我正打破眼下这种按月分析的模式，以追踪黄金的一系列信号。黄金市场从1月至4月初的表现很好地诠释了我所谓的"市场重塑"（market redefinition），即一个形态的失败演化成一个更大的形态，直到市场完成一个大形态。

市场形成一段清晰趋势后通常会盘整，甚至出现反转的假信号。2009年

10月底～12月初，黄金走出一大波涨势（见本书第6章）。

2010年1月到现在（2010年4月）我做了一些黄金交易，结果不理想。这一年才过了几个月，我就已经在黄金市场受挫了5次。什么时候是个头！

图9-22展示了2010年我进行的第一笔黄金交易，是根据直觉做的。走势出现一个为期3周的头肩顶反转，幅度不大，但很清晰。我分3次平仓，每手合约获利1000美元左右，我觉得很幸运！一般而言，直觉交易的仓位都在2～5天内平仓。

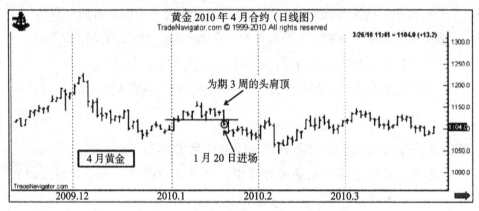

图9-22　黄金日线图：为期3周的头肩顶

如图9-23所示，下一笔交易基于一个为期9周的下降三角形。价格在2月4日向下突破。我原以为这个单胜率很高，但第二天价格就向上反转。2月11日，市场触发了根据回测失败法则设立的止损。这个形态很大，可被认为是个主要形态，但周线图未确认。

图9-24显示，一个为期11周的下降楔形于2月16日完成了。这是小型整理信号。我的仓量是每单位资本做多1手迷你合约，风险只有总账户资金的0.4%。突破当天我没有预埋限价买入订单，所以在2月18日才进场。一半仓位在2月19日平掉，另一半于2月24日根据回测失败法则出场。

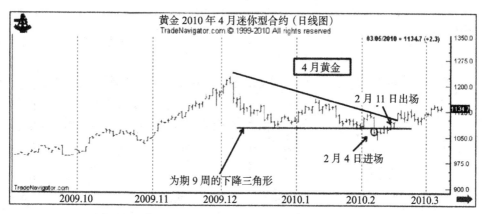

图9-23 黄金（日线图）：为期9周的下降三角形运行失败

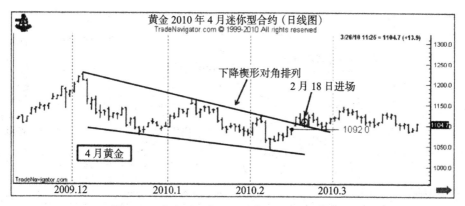

图9-24 黄金（日线图）：为期11周的下降楔形

老话说："如果一开始就没成功，那就准备再失败吧。"3月2日，日线图完成了一个为期9周的头肩底，我又进场做多，每单位资本做多1手迷你合约（见图9-25）。这个小型反转没运行多久，就根据回测失败法则于3月8日出场了。

3月18日，我在日志上记录了黄金的矛盾形态（见图9-26）。首先有一个为期3个月的头肩底，左肩低点落在2009年12月22日，右肩低点落在3月12日。

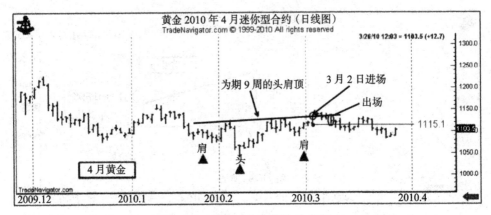

图9-25 黄金（日线图）：头肩底

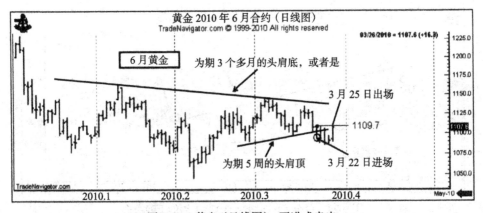

图9-26 黄金（日线图）：买进或卖出

另外还有个空头形态，是一个为期5周的头肩顶。它们交织在一起：小型的头肩顶是大型头肩底的"右肩"。形态交织在一起，后期可能出现大行情。

我的操作很简单，形态完成就开仓，不做过多解释。小型头肩顶完成于3月22日，我做空，每单位资金做空1手，风险为总账户资金的0.1%。这个单根据最近交易日法则在3月25日止损出场。

最理想、最大的形态往往是由许多小型形态构成的。2009年的黄金正是如此。一开始价格涨涨跌跌，没有明确方向，但最终引发了第四季度的单边行情。2010 年 4 月的情况也是这样的。这些小形态当时看起来似乎很重要，但放到更大型的形态中去看，其重要性往往就没那么高了。我的"要素交易计划"反映了这一情况，因此在进行交易的 45 个主要突破信号中，我只要求有 10 笔交易能多赚点。

我认为我终于抓住了机会。图 9-27 上有一个为期 15 周的头肩底。4 月 1 日价格向上突破一个已运行了 4 周的通道，它也是头肩顶的"右肩"。当天我每单位资本做多 1 手迷你合约。

头肩底完成于 4 月 7 日，我加仓，并根据最近交易日法则把全部仓位的止损设于 1133.1。这个为期 4 个月的头肩底目标价位为 1230，是 12 月的高点。

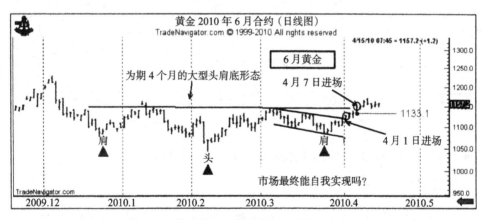

图 9-27　黄金的头肩底解决了此前的不确定性

2009 年 10 月完成的周线图头肩底（见图 6-10）的目标价位为 1350。只有时间知道这个形态是真的有效，还是会演变为某个更大形态的一部分。我会在第 12 章揭示这笔交易的结果。

英镑／日元汇率：构成较大型三角形高点的小型三角形
信号类型：主要预期性信号

图 9-28 是典型的趁着较小型形态完成，在大型形态突破前预先进场的例子。英镑／日元汇率从 2009 年 9 月底开始构建一个大型的下降直角三角形。

1 月 21 日，市场完成了为期 3 周的对称三角形。常见的是，日线图上的小形态成为周线图上主要形态的末端。

这笔交易的目标价位正好是较大三角形的水平下边，于 2 月 4 日平仓。

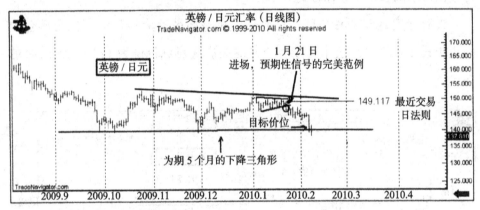

图 9-28　英镑／日元汇率（日线图）：可能的下降直角三角形

铜 3 月合约：小型三角形与趋势线穿越，快速反转
信号类型：主要突破信号、其他交易

如图 9-29 所示，1 月 27 日价格下跌，完成了一个为期 3 周的三角形。这是个短期形态，但当天也跌破了一个为期 10 个月的通道的下限。此信号应可列入 2010 年最佳门面交易，风险很高，每 40 万美元交易资本交易 1 手合约。

从很多方面来说，这笔交易都在管理上存在重大错误。首先，我直觉上认为价格将暴跌，而且不会有大的反弹。我该开个更大的仓位，同时设置更窄的止损。第二，初始目标价为290，也在2月4日达到了，但是我没平仓。第三，根据随市止损法则设立的止损在302.20附近，并于2月11日被触发。可我一直等到当天更晚的时候才在311.60平仓。

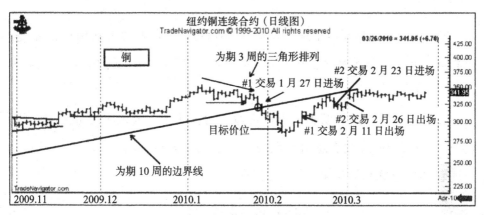

图9-29 铜（日线图）：为期3个月的三角形

前面说过，盈亏不代表成败。即使交易做得再差，结果也可能赚钱。反之，一笔交易执行得再完美，最终也可能赔钱。这笔交易就是这样的。虽然我赚了12美分，但整个过程一塌糊涂。

这个例子也很好地说明了，在金融市场里，一步走错后，很容易步步错，以致恶性循环。交易者往往会认为市场欠他什么东西。请注意，市场啥也不欠你的！

我对于第一笔铜交易管理失当，第二笔交易也犯了错。第一单止损出场之后，我眼看着价格走高。2月19日，价格向上测试1月28日跌破过的主要趋势线，2月22～23日价格回调。我根据2月23日收盘情况做空（#2交易）。这是笔情绪化的交易，因为我当时仍然觉得市场欠我一些什么——我的第一笔交易没有及时结利平仓。

我一两天后脑子清醒了，这笔交易显然不妥。亡羊补牢，犹未晚矣！我于 2 月 26 日平仓。

英镑 / 美元汇率：用蜡烛图形态做的一笔交易
信号类型：次要整理信号

周线图上出现潜在双重顶，我看空 1 月英镑。12 月 29 日我做空英镑 / 美元汇率，每单位资本做空 3 万英镑，依据是 1 月 27 ～ 28 日的陷阱 K 线形态（见图 9-30）。

这一 K 线形态没有明确的目标价位。因为认为双重顶冰线可能有支撑，我于 2 月 4 日平仓。如果冰线被跌破，我会重新建立空头。

第 10 章会重新讨论英镑 / 美元汇率。

图 9-30　英镑 / 美元汇率（日线图）：圈套模式

本章小结

从数据上说，1 月业绩还算好，称得上最近一阵子的最佳月份。我在 11 个市场做了 16 笔交易。平仓之后（有些不是在 1 月平仓），有 10 笔交易赚钱，收益率为 6.3%。用年度加值月份指数方法计算，1 月实际绩效为 6.8%。

以"要素交易计划"为基准，1月开仓情况如表9-3所示。

表9-3 2010年1月的交易信号分类

信号种类	修正后的基准	1月进场（次数及百分比）
主要形态		
完成	4.0（29%）	8.0（50%）
预期性	1.5（11%）	2.0（19%）
加仓	1.5（11%）	1.0（0%）
次要形态	4.0（28%）	3.0（19%）
直觉交易	2.0（14%）	1.0（6%）
其他交易	1.0（7%）	1.0（6%）
总计	14.0（100%）	16.0（100%）

我在1月犯了很多新手才会犯的错误。这个月本来可以更好。明确地说，我做了一些短期信号。另外，譬如说小麦和玉米的交易，在一些重要形态建立的仓位又过早地收紧了止损。

| 第 10 章 |

第三个月：2010 年 2 月

2010 年 1 月操作较为顺手，说话间到了 2 月。2 月的情况不算太好，勉强可以接受。虽然每个月的交易业绩很容易就能超过 6%，但记录显示：有时候业绩极佳，有时候停滞不前。总之，交易业绩完全不如年金收入稳定。

图 10-1 展示了"要素交易计划"可追溯到 1981 年的月度收益分配状况。我目前使用的杠杆大约是 2009 年之前的 1/3，所以月度收益数据根据所占百分率做了调整。收益分配如一般人预期的那样表现为钟形曲线，中间高，两侧逐步下降。

我相信，商品与外汇市场上的专业经理的业绩所占月份百分比的波峰大多在 0 ~ 4%，右侧很少能超过 20%。反之，"要素交易计划"的波峰在 0 ~ -2% 档位，这种月度收益几乎占了总交易月数的 30%。我的月度业绩分配有很显著的右侧尾部，我需要很多 8% 以上收益的月份才能达到长期业绩水准。事实上，月度收益为 8% 或以上的月份大约占总月份数的 12%。

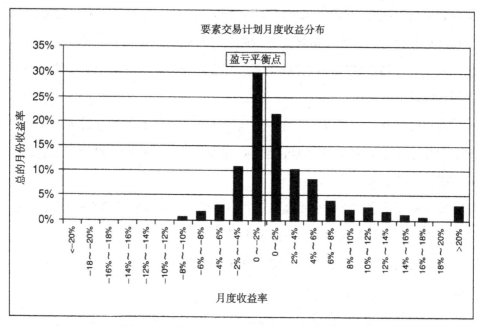

图 10-1　要素交易计划绩效：月度结果的钟形曲线

在震荡行情中坚持交易计划

"要素交易计划"的成功取决于下列 3 项因素：

（1）商品与外汇市场通常不会出现长期反复走势。我把"反复"走势定义为横向整理或涨跌剧烈而高低点相近的走势。

（2）交易形态突破，有一部分（25%～30%）虽没达到目标价位，但后续走势多少能走一段。

（3）一定比例（15% 左右）的交易有清晰的趋势方向，且能达到形态目标。

最近 9 个月，除少数外，商品与外汇市场基本上都是整理走势。我最怕在这种行情中追涨杀跌。这可是交易者的噩梦。交易区间内行情反复不断，交易者被左右打脸，真的是难堪、痛苦。第 9 章讨论黄金交易时就提到过。

一旦开仓，我就期待市场走出清晰的趋势行情，不回到之前的区间。所以，我看到价格突破形态就会很紧张，盯盘不止，看看究竟是走单边还是再回到区间里。

持仓时，既要允许市场存在一定的随机空间，还要保护浮盈或者限制亏损。交易者不会放弃每一个单子走到目标价位的交易机会，也希望盈利别回吐或损失不会扩大。

这两种要求之间有没有平衡点呢？不幸的是，我没找到简单的解决方法。即使如此，我也努力在解决——用了 34 年！

有些比我聪明得多的人或许能解决这个两难问题。

交易成功的障碍不是市场

很多新手认为，概率战争的对手是市场或是其他交易者。我不得不告诉读者一个赤裸裸的事实：想要获得稳定盈利，最大的敌人就是自己。我讨厌说难听的真相，但一致性盈利的成败就在赢得或者输掉自我战争。盈利与否在乎自我。成功的交易就是学习做什么、怎么做，以及如何克服自己的情绪以完成交易（探索"交易"颇有挑战，而且对每个人来说都很难）。

一致性盈利和不盈利之间的界限非常清晰。要获得一致性盈利，我必须克服市场刺激，防止市场打乱我的交易计划。市场会挑战交易者在知识上、情绪上、心理上、生理上、精神上的每根神经。交易者与市场的博弈决定不了结果。人性会持续干扰耐心和自律，克服它是交易者自己的战争。

交易记录

2010年2月，"要素交易计划"在12个市场交易了16笔。有3个信号在第8章中讨论过，包括两笔黄金交易（分别在2月4日与2月18日进场）、1笔铜交易（2月23日进场）。

英镑/美元汇率：双重顶最终完成

信号类型：主要突破信号、主要突破信号（二次完成）、主要加仓信号

2月4日，英镑/美元汇率的一个为期9个月的双重顶终于完成（见图10-2）。我深深地认为这笔交易成为2010年最佳交易案例之一的概率很大。不过，我不知道自己的交易法则能不能抓住这次潜在机会。

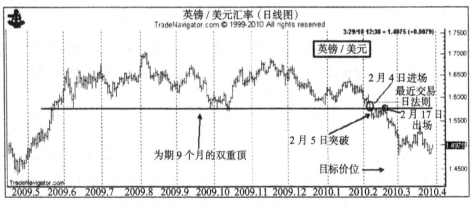

图10-2 英镑/美元汇率（日线图）：双重顶形态完成

沙巴克、爱德华兹和迈吉等人的研究显示，双重顶或双重底属于比较少见的形态，但现在许多金融专家会提到它们。双重顶（底）的两个主要条件为：

（1）两个波峰（波谷）之间至少有两个月的间隔。本例中两个波峰间隔了3个多月。另外，两个波峰（波谷）的位置应大体相近。这里的案例也符合条件。

（2）两个波峰与所夹低点之间的价格至少相差15%。英镑/美元汇率的例子中的波峰、波谷之间的差幅为11%，略少一些。我认为这个案例勉强符合条件。

虽然实际突破完成于2月5日，但是我在2月4日就做空了，每单位资本做空3万英镑。根据最近交易日法则设置的止损在1.5776，我实际设置的止损为更高的1.5806。止损最终在2月17日被触发。这一天还形成了这次反弹末端的陷阱K线形态。

汇价向上反弹，重新进入双重顶。所以，在一定程度上我根据冰线与最近交易日法则设置的止损有些自以为是了。

前面说过冰线应能有效抑制反弹，可是这里并没有。

·回 顾·

最近交易日法则起码应该根据2月4日为准。事实上，根据我的交易准则，如果突破当日运行的幅度太小，就采用前一个交易日确定最近交易日法则。

汇价从11月高点下滑以来，我就吃了好几个"陷阱K线"形态的亏，因为我的交易法则不太会处理这一K线形态，虽然它只是短期的鱼钩形态。图10-3展示了2010年年初下跌过程中的这类K线形态。

2月17日，我止损出场，但我又在2月18日陷阱卖出K线形态出现时再次做空，每单位资本做空4万英镑，入场位较前出场价位低了220个基点。

3月24日，英镑/美元汇率完成了一个为期3周的旗形（见图10-4），这是主要的加仓机会。每单位资本加仓3万英镑，根据最近交易日法则设置的止损在1.5049。

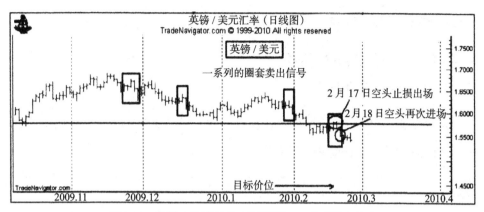

图 10-3　英镑 / 美元汇率（日线图）：一系列圈套模式

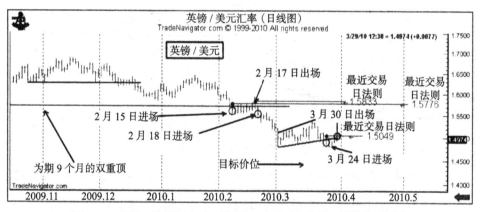

图 10-4　英镑 / 美元汇率（日线图）：双重顶与为期 3 周的旗形形态

趋势里的中继形态提供加仓机会。另外，这类整理形态也可以用来调整初始仓位的止损。所以，我依据 3 月 24 日最近交易日法则对 2 月 18 日空单的止损做了调整。此时，所有空单的止损都在 1.5061。止损在 3 月 30 日被触发，我平掉所有的空单，但认为行情会下跌。

图 10-4 是英镑 / 美元汇率在 2～3 月里的走势图，我没按惯例逐月说明。这段行情令人失望。我从 2009 年 11 月以来一直看空英镑，但截至目前下跌有限。每年都会有某个市场特别吸引我。今年到目前为止这一市场是英镑，

光它就该贡献5%的收益。根据原则我的杠杆不大,也没有耐心。

4月原油:扇形线的交易问题
信号类型:主要突破信号

爱德华兹与迈吉把扇形线当作传统形态。图10-5给出了周线图的扇形线。请注意,3月的低点是个头肩底。

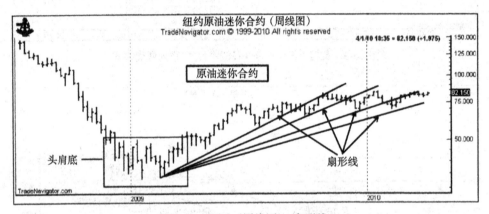

图10-5 原油(周线图):扇形线

由3月低点开始的涨势不仅没有加速发展,反而不断跌破一系列的趋势线,角度越来越小。这是典型的扇形线,表示上涨动能减弱。简单说,上涨走势趋向瓦解。

扇形线认为价格会回到原点,即2009年3月的低点。因为涉及对角形态等问题,所以扇形线不好运用于交易。

图10-6显示价格可能迎来一波下跌。2009年10月以来,连续合约日线图出现了双重顶,突破可能发生在69.50。

所以,扇形线的形成使我偏空,特别关注潜在双重顶的放空机会。2月5日价格跌破较低的扇形线,但很快又反弹到扇形线之上(见图10-7)。

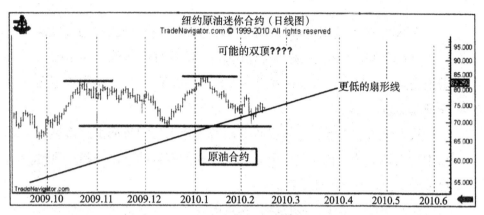

图 10-6　原油（日线图）：可能的双重顶

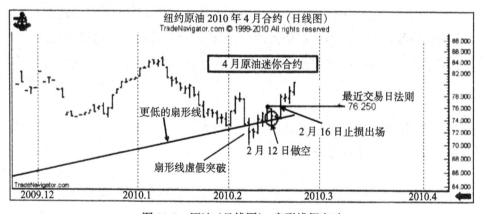

图 10-7　原油（日线图）：扇形线假突破

2月12日，价格回测扇形线，因为我认为会向下突破，所以做空。2月16日，空单根据最近交易日法则止损出场。

专业交易类似于职业运动

这些年来我发现，不论在人类活动的哪个领域（包括体育、商业或艺术界在内），真正卓越的表现往往都有相通之处。

在2009年的温网赛中，大威廉姆斯直落两盘击败当时的女单第一种子萨芬娜。NBC主播当时评论道："萨芬娜原本就很难击败大威廉姆斯，更何况在这场比赛里她连自己都赢不了。"这也可以适用于商品交易。

从人性角度来看，市场投机活动就是逆人性溯流而上。市场交易中的人性成分，比识别信号重要，但绝大多数的交易书籍、研讨会或交易网站通常重视后者。

任何交易、竞争，或比赛，真正的战斗发生在情绪、心理与心智方面。

网球职业选手都知道比赛中该做些什么（提高第二发球的速度、留在底线、调节体力准备持久战）。所以，运动选手或交易者真正的工作是怎么做好这些应该做的。战争是发生于内部的。

长期国债6月合约：小形态试图转为大走势

信号类型：主要预期信号

季线图、月线图或周线图都显示，30年期美国国债可能存在主权违约风险。长期走势图可参考第9章的图9-3～图9-5。这吸引我寻找放空长期国债的机会。当时，我看到一个主要的预期信号：周线图上头肩顶的"右肩"。

图10-8上的两个小型技术性演化，促使我放空了长期国债。12月底到2月初，市场形成了扩张顶。扩张顶通常属于反转形态。小型旗形于2月17日完成。

2月18日，价格回测旗形下边，我进场做空。空单在2月22日触发止损,杠杆是每单位资本放空 0.5 手合约。

图 10-8 长期国债（日线图）：试图在两个下跌形态的右肩高点放空

· 回 顾 ·

这个例子说明,我对于日线图的解释受到更长期的周线图、月线图的影响。因为我对长期走势看空,所以认为交易风险有限,潜在收益高。整周之内,我每天都可能这样交易。

中期国债（10 年期）6 月合约：扩大杠杆
信号类型：其他交易

我认为可交易长期国债时,中期国债 6 月合约也出现了一个为期 3 周的头肩顶。我认为,这表示利率看涨（看空债券价格）。2 月 18 日我放空中期国债 6 月合约,根据最近交易日法则设置的止损在 2 月 23 日被触发。构成这个形态时间实在太短了（见图 10-9）。

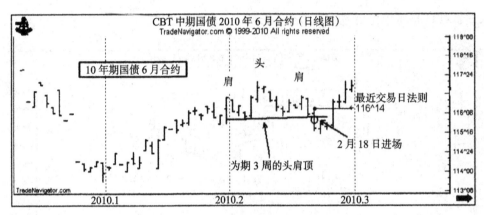

图 10-9　中期国债（日线图）：小型头肩顶

英镑/日元汇率：大型下降三角形完成

信号类型：主要突破信号

英镑/日元汇率的情况可以参考图 9-26 与相关评论。

2 月 23 日，汇价跌破为期 5 个月的下降三角形下边（见图 10-10）。这波跌势始于 2 月中旬的为期 12 天的旗形，可能是一个趋势运行中间阶段的旗形。这样一来，下方目标应该在 131.87。下降三角形目标价位为 128.10。

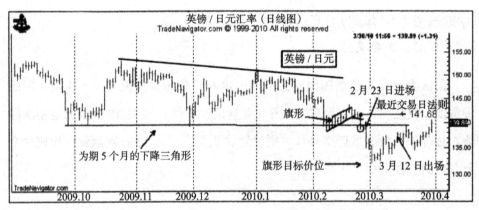

图 10-10　英镑/日元汇率（日线图）：为期 5 个月的下降三角形

价格跌到 3 月 1 日低点之后上扬。后续走势不能持续并展开震荡的情况普遍存在于当时的商品和外汇市场中。空单根据随市止损法则在 3 月 12 日出场。

10 月糖：意外跌势

信号类型：次要反转信号

要我 180°急转弯是很难的。我知道，很多交易者经常用"止损后反手"的策略。这对机械性交易系统或许比较简单，但对主观型交易者恐怕要难多了，至少对我来说很难。

2009 年年初以来，我一直看好糖的上涨机会。因此 2 月 23 日我勉为其难根据次要信号——一个为期 8 周的矩形反转做空了糖 10 月合约（杠杆很有限）（见图 10-11）。

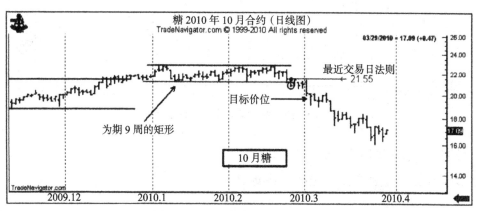

图 10-11　糖（日线图）：矩形头部

2 月 23 日根据最近交易日法则设置的止损在 2 月 24 日差点被触发。3 月 2 日价格达到最低目标价位。长期以来我一直看好糖市场，但 3 月空单收获颇丰，看起来蛮讽刺。

· 回 顾 ·

在交易生涯里,我经常会碰到一些跟我观点相反的大行情。2010年的糖就是一例。我本来看好糖会涨到60美分,结果却因为意外的跌势而赚了很多。图10-12展示了这波跌势。下跌中曾出现几次加仓机会,但我都没抓住,因为我觉得糖会上涨。

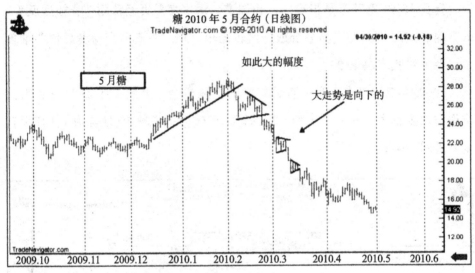

图 10-12　糖(日线图):崩跌走势

豆油:一系列多头交易

信号类型:直觉交易、两个次要整理信号

2月,我做了3笔豆油交易。豆油周线图上出现了一个潜在的为期14个月的上升三角形(见图10-13)。当时,我看好豆油的长期走势。

图10-14显示,1月豆油下跌得厉害,3月合约连续下跌19个交易日至周线的重要支撑。这种走势往往会在重要支撑出现V形反转。直觉告诉我豆油可能出现一两周的强劲反弹,信号就是柱线高点开始抬升。我于2月2日

做多，将它当作直觉交易于 2 月 10 日结利平仓。

图 10-13　豆油（周线图）：大型三角形

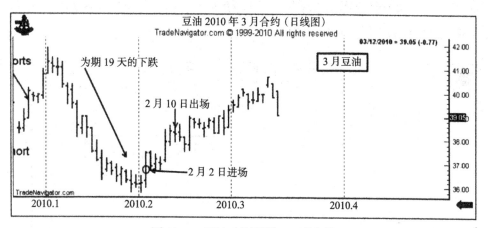

图 10-14　豆油（日线图）：V 形底部

2 月底，价格走出一个三角旗形。我在 2 月 25 日进场做多，每单位资本交易两手合约。这笔和下一笔交易都是根据次要整理信号做的。结果，2 月 25 日的上涨只是个毛刺走势。价格很快反转，多单当日就止损出场了（见图 10-15）。

同一个错误究竟要犯多少回才能完？我又在电子盘进了买入限价单。如果是在正常交易时段，单子就不会被触发。

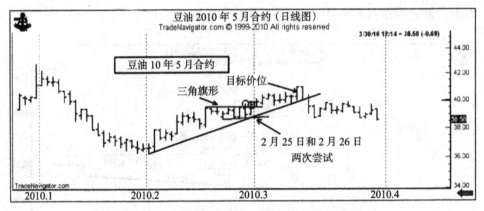

图 10-15 5 月豆油（日线图）：三角旗形首次突破失败

2 月 26 日三角旗形再次完成，我在正常交易时段内再做空。如图 10-16 所示，正常交易时段内三角旗形于 2 月 26 日才突破。我本想小赚就行，直到 3 月 10 日在目标价位 4069 出场。

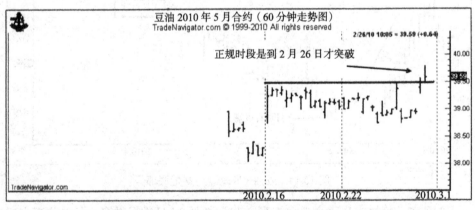

图 10-16 5 月豆油（60 分钟走势图）：三角旗形第二度交易

标准普尔 6 月迷你合约 / 道琼斯 6 月迷你合约：两笔交易有争议
信号类型：次要反转信号与其他交易

接下来两笔交易都不是根据正规的形态原则做的，而是情绪化交易。我认为，主观交易者说他完全客观，一定是骗人的。主观型技术交易者对多空观点一定有偏颇。

我把1月19日～2月5日的下跌看作大熊市的前奏。后面价格反弹至2月22日高点，可以看作对头肩形态的回测。2月底反弹时，我把2/3的空单平掉了，只剩下1/3。

如图10-17与图10-18所示，我把2月25日的跌势，解释为标准普尔与道琼斯指数6月迷你合约小型头肩顶完成的突破。相较于道琼斯指数，标准普尔指数的形态更明确一些，我分别放空这两个市场（都是每单位资本放空1手合约）。

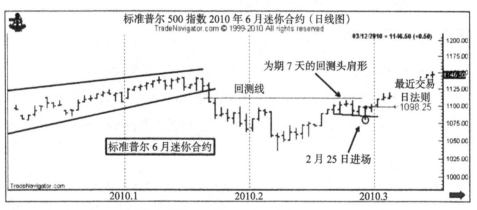

图10-17　标准普尔指数（日线图）：小型头肩顶回测较大型潜在头部

事实上，从2月5日低点开始的上涨不只是回测，而是启动了新的上涨。头肩形突破是鱼钩形态的买进机会。根据最近交易日法则设置的标准普尔合约的止损于2月26日被触发，道琼斯指数合约的止损于3月1日被触发。两个空单亏掉总账户资金的1.3%。前述1月21日进场的1/3的标准普尔空单于3月5日平掉。

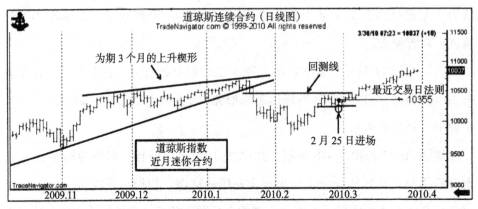

图 10-18　道琼斯指数（日线图）：测试 1 月中旬的跌势

欧元/英镑汇率：通道突破短期交易

信号类型：主要预期信号

现货外汇市场的优势之一是可以交易不涉及美元的货币。

2 月中旬，我发现欧元/英镑汇率周线图出现了一个潜在的为期 13 个月的头肩底（见图 10-19）。形态如果完成，欧元/英镑汇率就可能会上涨 8%～10%。

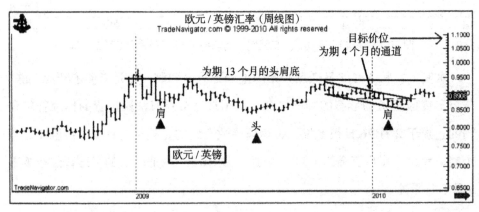

图 10-19　欧元/英镑（周线图）：为期 13 个月的潜在头肩底

图 10-20 显示了通道内的下方支撑跌破之后是如何转变为后续走势的压力的。请注意，11 月、12 月到 1 月初，0.8800 一直是下方支撑。1 月 15 日，该支撑被跌破后，在 1 月底到 2 月则是反弹的阻力。

如果交易信号得到多重确认，它会变得更重要。2 月 25 日汇价向上突破通道，也重新站上支撑/压力线。通道的上行目标 9002 很快在 3 月 1 日达到。

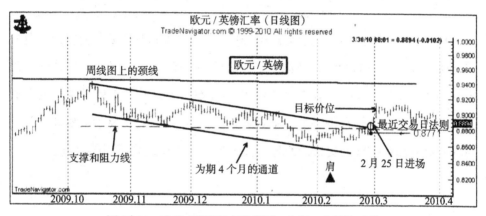

图 10-20　欧元/英镑汇率日线图：为期 4 个月的通道

本章小结

2 月的交易情况没有预期的那么理想。整个 2 月，我在 11 个市场做了 16 笔交易。7 笔获利，9 笔亏损（不完全在 2 月），胜率是 43%。交易类别的分配，大体上跟修正后的基准相近。2 月进行的交易的收益率是 0.9%。用年度加值月份指数方法计算，2 月实际亏损 1.23%。这一差别是因为后者在月底根据市场结算价格进行计算（包括未平仓部位在内）。表 10-1 给出了 2 月交易信号类型的分配情况。

表 10-1　2 月交易信号分类

信号种类	修正后的基准	2月进场（次数及百分比）
主要形态		
完成	4.0（29%）	4.0（25%）
预期性	1.5（11%）	2.0（13%）
加仓	1.5（11%）	0（0%）
次要形态	4.0（28%）	6.0（38%）
直觉交易	2.0（14%）	1.0（6%）
其他交易	1.0（7%）	3.0（19%）
总计	14.0（100%）	16.0（100%）

2月与之前几个月都不能体现第 5 章提到的"净利润交易"的概念。我只需要做所有交易中的 10%，就能创造实际收益。这 10% 都是实际赚钱的，每笔都创造了至少 2% 的收益率。剩余的 90% 都是多余的。也就是说，没有这些净利润交易，其他都是瞎忙，不会赚钱。在每个月里，"要素交易计划"都要有一两笔真正赚钱的交易，而且仓位恰当，才能创造我需要的收益。

| 第 11 章 |

第四个月：2010 年 3 月

市场是个好老师，但也会狠狠地教训交易者。我一直清楚"要素交易计划"有缺陷。交易就是个发现缺陷、弥补缺陷的活，结果却找到更多缺陷。就这一点来说，"要素交易计划"跟其他方法一样。每个成功的交易者都会想方设法找到缺陷并完善之，不断地进二退一。

有趣的是，行情好的时候缺陷都被视而不见。交易顺手会掩盖缺陷。

交易不顺（账户资金出现回撤）时，市场将充分利用交易计划的缺陷。我知道，很多交易者在陷入连续亏损时就会反思交易方法并做出改进。升级交易方法的第一步就是找到缺陷。

关键就是怎么找到根本的缺陷，而不只是修改交易法则以提升过去的业绩（优化）。虽然谁都能通过可用的交易平台模拟、优化技术指标，不过我认为这些意义不大。我在每笔交易结束的时候发现，识别交易机会远不如人性上的风险管理重要。

写这段日志时，账户正处于回撤状态。虽不严重，但显然账户增长出现困境。我不喜欢赔钱的感觉,也不喜欢赚不到钱的感觉。交易计划总能在账户资金回撤时做出调整,然后走出困境。这些调整时大时小,但有一点很清楚:它们都是与程序和风险管理有关的,而非识别机会。

我觉察到我的交易方法存在一些根本性问题,本书最后会详细阐述。

交易记录

3月,我在12个市场交易了16笔。第9章提到了两笔黄金交易,第10章说过英镑/美元汇率交易,本章不准备重复。

美元/加元汇率:形态持续形成
信号类型:主要预期信号、主要突破信号、主要突破信号(二次完成)

我在3月做了3笔美元/加元汇率交易。每笔交易都采用不同的风险管理策略,但这3笔交易一脉相承。我看到周线图上出现了一个为期5个月的重要形态:下降三角形(见图11-1)。这个形态很有可能成为2010年的最佳交易案例之一。

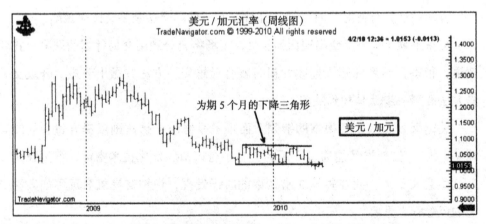

图11-1 美元/加元汇率(周线图):为期5个月的下降三角形

图 11-2 是对应的日线图。3 月 3 日，汇价到达下降三角形的下限（也是 1 月的低点），我做空。这是个主要预期信号。每单位账户资本做空 5 万美元。

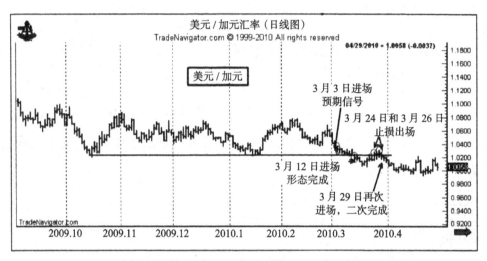

图 11-2　美元/加元汇率（日线图）：下降三角形

3 月 12 日，汇价跌破主要下降三角形的下限。我加仓放空 5 万美元/加元，每单位资本总共放空 10 万美元。我把 3 月 1 日当作最近交易日而设置止损，3 月 22 日把止损调整到 1.0256。3 月 24 日，汇价重新反弹到下降三角形内，我平掉一半。我根据回测失败法则调整剩余仓位的止损，于 3 月 26 日止损出场。

我会在一定规则下对周线图上的重要形态重新开仓，规则中的两个条件成立一个即可：

（1）市场重新完成形态，而且价格突破先前突破时形成的最高价或最低价。就此案例而言，汇价必须跌破 3 月 19 日的最低价 1.0062。

（2）从收盘价看，市场必须重新完成形态。

3 月 29 日，收盘价重新跌破主要下降三角形的下限。我重新做空，每单位资本放空 3 万美元，风险为账户资金的 0.5%。3 月 29 日的盘中高点为 1.0273，这是根据最近交易日法则设置止损时的参考位（截至 4 月 20 日本书截稿，空单尚未平仓）。

大豆 5 月合约：小形态整理造成困扰
信号类型：其他交易

3 月 4 日，我利用头肩顶放空大豆。这笔交易属于其他杂项交易，很快就在 3 月 8 日砍掉，损失 0.3%（见图 11-3）（我都不好意思承认做过这类交易，为了充分披露，就说了吧）。

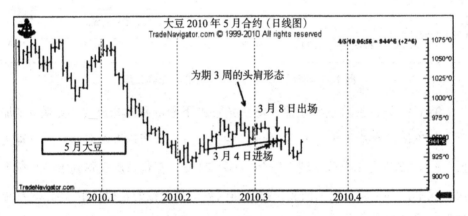

图 11-3　5 月大豆为期 3 周的头肩顶很快失败

原油 5 月合约：上升楔形
信号类型：主要预期信号

前面说过我看空原油。3 月 12 日，价格跌破为期 6 周的上升楔形的下限。空单是周五做的，我满怀希望地度过周末。周一价格继续下跌，使我更有信心（见图 11-4）。

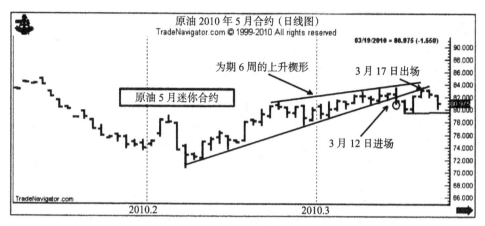

图 11-4　原油为期 6 周的上升楔形

教科书上说，上升楔形的突破应该是明确、快速、不间断的走势。可是在这个例子中，3 月 16 日价格强劲反弹。我调紧止损，结果空单还是在 3 月 17 日止损出场。

澳元/加元汇率：三角形导致数次损失

信号类型：直觉交易、主要预期信号、主要突破信号、次要突破信号

这些交易横跨两个月的时间，是在形态形成过程中做的。

这是一个很典型的对称三角形突破不能过于接近相交点的案例。有效的对称三角形突破位置不能超过底边到相交点距离的 2/3 或 3/4，否则就是无效的形态。我不仅没忽略这个形态，反而还做了多次交易，结果搞得自己晕头转向。

我们可看到一个为期 3 个月的对称三角形，上边可回溯到 2009 年 11 月高点（见图 11-5）。

在三角形内部，3 月中旬还有一个为期 3 周的小三角形（见图 11-6）。我在小三角形 3 月 19 日突破时做空，这属于直觉交易。走势不大，很快就反转，空单止损出场，亏损 0.007%。

图 11-5　澳元/加元汇率（日线图）：为期 3 个月的三角形形态上拖泥带水的突破

汇价上涨至 3 月 30 日，一度升破三角形上限。我认为这是个多头陷阱。31 日，汇价跌破 3 月 30 日低点时我进场放空。我原本就想在三角形上限做空。这是主要的突破预期信号。

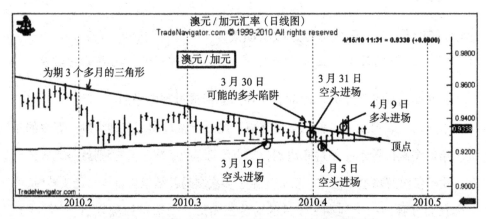

图 11-6　澳元/加元汇率（日线图）：反复莫测的走势

4 月 5 日汇价跌破三角形下限，收盘于 3 月低点下方。这是主要形态完成的信号。我认为这是很好的加仓机会，但是汇价很快就向上反转，导致我在 4 月 7 日平掉了所有的空单。

4月9日，价格向上突破三角形上限，并升破3月30日高点。我认为这是标准的小型反转买进信号，于是进场做多。可是，汇价再次转跌，并在4月12日触发多单止损。短短几天，我连亏4笔。

·回　顾·

要吸取的教训是：三角形已经过于接近相交点，属于无效的形态。不是说我不该尝试第一次突破的机会，但它失败后我就不该再做了。

欧元/美元汇率：典型的失败头肩形态
信号类型：次要整理信号

图11-7显示，欧元/美元汇率出现下跌行情，从11月高点跌至2月低点。

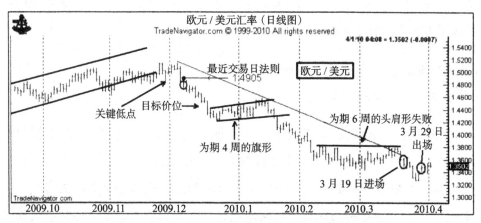

图11-7　欧元/美元汇率（日线图）：失败的小头肩底

图11-8是图11-7的放大图，显示的是2月5日至3月的行情，汇价貌似发展成了复杂的头肩底或圆形底。3月12日汇价向上升破为期15周的趋势

线,我怀疑这是个多头陷阱。

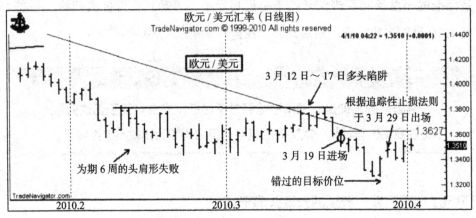

图 11-8　欧元/美元汇率(日线图):失败头肩底之前的多头陷阱

3月19日失败头肩底得到确认,我进场放空。这个空单原可开在3月18日,目标价位为1.3223。汇价没到目标价位就于3月26日向上反转,当天收盘于3月25日低点之上——25日根据随市止损法则设置的止损。3月29日开盘触发止损,空单止损出场,稍有获利。

美国长期国债6月合约:另一个失败头肩
信号类型:主要预期信号

我曾经在第9章提到,我想在一个为期12个月的头肩底右肩形成的过程中做空(见图9-3～图9-5)。我持看空观点解释周线图走势。

图11-9显示,国债6月合约日线图可能形成一个为期9周的头肩底。3月18日,价格盘中升破颈线,但未能站稳。我认为这可能是个失败头肩底,所以在3月19日低点下方预埋了限价卖空单。结果,空单成交于3月24日的117.02,每单位账户资本放空0.5手合约。

空单于4月12日根据随市止损法则止损出场。

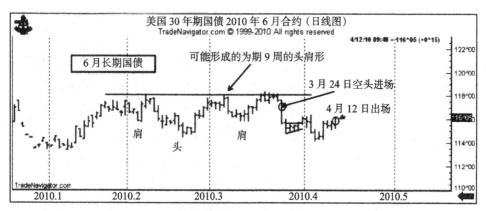

图 11-9 长期国债由颈线向下反转

小麦 5 月合约：令人受挫的连续跌势
信号类型：次要整理信号

头肩顶完成于 1 月中旬，目标价位 426 没有达到。2 月初至 3 月中旬，行情呈现震荡走势。价格在 3 月 25 日下跌创新低（见图 11-10）。我在 470.50 做空，根据最近交易日法则设置的止损为 478.25，形态目标价位为 426。我没有开足仓，每单位资本只进了 0.5 手，于 4 月 7 日止损出场（478.25）。

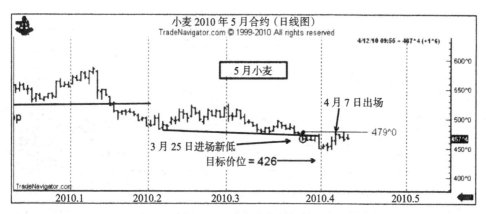

图 11-10 小麦价格创新低

一天之中,是否有最佳交易时间

这个问题的答案是肯定的。盘中走势复杂多变。价格涨跌很难以捉摸。根据日内走势就判断形态能完成,却在收盘时失望之极——市场要做到这一点其实很容易。短期、中期或长期趋势的形成很难预测,但我发现,根据盘中走势来判断收盘更难。

收盘价是每天最重要的价格。这是长线交易者(有别于日内交易者)愿意隔夜持仓的价格。我虽然经常在日内开仓,但我认为收盘价才是每天真正重要的价格,其余价格都是噪声。

玉米5月合约:阶梯状跌势
信号类型:次要整理信号

5月玉米与5月小麦的交易相似。一个为期3个月的三角形完成于1月13日,形态目标价位为344。2~3月,行情基本上是横盘整理,价格在3月25日创新低(见图11-11),也完成了一个下降三角形,该形态可以回溯到3月高点。

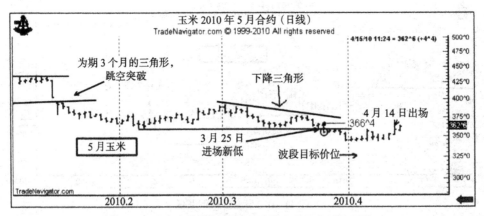

图11-11 玉米价格创新低之后没有进一步延续下跌

我开仓做空。三角形的目标价位在 3 月 31 日达成。可是，我决定采用波段目标价位，这是由 3 月高点向下衡量 1 月跌势的幅度。波段目标价位在 2009 年 9 月低点附近。

4 月 7 日，价格反弹。空单根据回测失败法则在 4 月 14 日止损出场。

大豆 11 月合约：空头陷阱
信号类型：次要整理信号

3 月 31 日，正规交易时段的最初 15 分钟一个为期 8 周的对称三角形下限被跌破。这个突破很快变成毛刺走势。我发现以后立刻开仓（见图 11-12）。

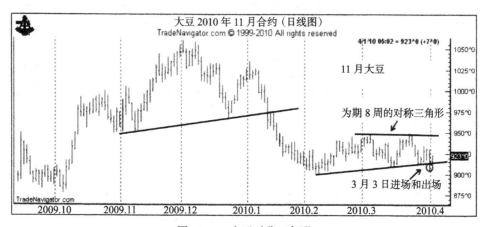

图 11-12　大豆对称三角形

这个案例反映了对角状形态的根本问题，对称三角形是对角状形态。价格突破对角状形态界线，通常不会同时突破形态极端位（高点或低点）。因此我更喜欢交易水平状边界的形态。

5 月铜：错失简单的交易
信号类型：错失交易

我保留一份有关错失交易机会的专门记录。每个月通常有两个这样的形态。错失这些机会不是因为我没看到,而是因为当时我的观点与之相反。有时我错过机会,直到一两天后才看到。3月底,我看空铜。我认为2月最多能涨到1月高点。我看到一个为期4周的下降三角形正在发展。直角三角形通常会朝水平状边界方向突破。

图11-13显示,下降三角形末尾还有一个较小的为期9天的对称三角形。对称三角形完成于3月26日,下降三角形也在3月29日向上突破。我原本可以在3月26日或3月29日做多。这是个相当不错的为期4周的整理形态。

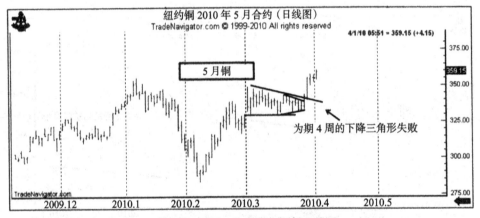

图11-13 铜三角形形态驱动涨势

· 回 顾 ·

错失的交易引出重要一点。成熟的形态随时可能引发趋势性走势,两个方向皆有可能。因此交易者可以借由这两种突破建立头寸。事实上,成熟的形态给出的形势是:两个方向的限价订单都是自证性的。进一步说,除非可以在上下两个价位同时预埋限价买入单、限价卖出单,否则就可以质疑其中任何一笔交易是不符合逻辑的。

5月橙汁：失败的三角形
信号类型：次要整理信号

最后讨论的这笔交易，由于市场流动性有限，所以我只通过个人账户做交易，没有在共同账户做。3月1日，价格有效向上突破，完成了一个为期8周的对称三角形。这个形态的上方目标价位至少应该在170。请注意，形态向上突破时，价格已经快到三角形两边的相交点了。如果价格运行到对称三角形两边相交点3/4或以上的位置，形态就不值得信赖。如图11-14所示，这个三角形向上突破之后，没到1月高点就下跌了。

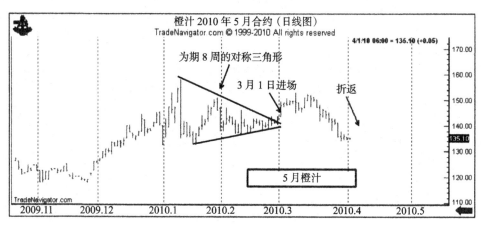

图11-14　橙汁典型的折返

本章小结

2009年11月以来，3月是操作最差的月份，采用年度加值月份指数方法计算，实际亏损3.7%。本月进行了16笔交易，其中只有4笔（25%）获利，净亏损为2.5%（平仓）。还有一笔交易（美元/加元汇率）没有平仓。持仓也不属"净利润交易"。表11-1显示了3月交易信号类型的分配情况。

表 11-1　2010 年 3 月的交易信号分类

信号种类	修正后的基准	3 月进场（次数及百分比）
主要形态		
完成	4.0（29%）	2.0（12%）
预期性	1.5（11%）	4.0（29%）
加仓	1.5（11%）	1.0（0%）
次要形态	4.0（28%）	3.0（19%）
直觉交易	2.0（14%）	1.0（6%）
其他交易	1.0（7%）	1.0（6%）
总计	14.0（100%）	16.0（100%）

| 第12章 |

第五个月：2010 年 4 月

这是本书第三篇最后一章。最初 18 周的业绩表现没有预期的那么好，但这就是交易的一部分。交易中会有亏损，有亏损周、亏损月，甚至是亏损年。

过去 5 年，全球最顶尖的 20 家专业交易机构（根据风险调整后的业绩分析）总共出现了 17 个亏损年份，相当于总年份的 17%（20 家机构，每家 5 年，总共 20×5=100 年）。换言之，这些机构每 5 年就会发生 1 年亏损。虽然亏损年份的亏损不那么严重（几个百分点），但亏损年就是亏损年。

本书第三篇开头曾经提到，"如果我能在未来 5 个月盈利 10%～15%，那我真是太高兴了"。进入 4 月，2009 年 12 月 7 日（开始记录交易日志）以来的交易收益（已平仓）约 5%。换算为年化收益率，相当于 12% 多。现在只剩下 1 个月了，最初的目标远未达到，除非 4 月有惊喜。不过我对于 12 月以来的业绩并不觉得意外，因为我也有一些"净利润交易"，这是我想达成目标所需要的。

交易新手在业绩落后时可能会"加倍下注"。我绝对不会。账户起伏本就是正常的，欲速则不达。

以另外 5 个月交易写本书，结果可能更好，也可能更差。商品与期货交易不是神奇水晶球。交易者能做的就是形成缜密的交易计划，努力获得概率优势，同时不要过于重视它。

客户在专业赌场的老虎机上每花费 1 美元，平均赚 95～97 美分。此时庄家拥有些许胜算。赌客扳动老虎机拉柄，可能赚也可能赔。庄家只依赖微小的优势长期积累利润。可是，庄家在每一次单一赌博上的优势是微乎其微的，并不显著。

金融交易也是如此。我形成了一整套方法，在风险框架下辅助我筛选交易机会、管理进出场流程，让自己掌握微小的概率优势。我希望交易尽可能利用上这一优势。可是，每周或每个月在每一次单一的交易上，小小的概率优势未必能充分体现。

最近 12～15 个月，商品、外汇专业交易机构面对着艰难的形势。一些常见的商品交易顾问指数（如 Stark、MAR、Barclays、Lyxor 等）多处于净亏损的状态。巴克莱商品交易顾问指数（Barclays CTA index）显示，2009 年是商品与外汇交易最近 10 年来首个、1980 年以来第四个发生亏损的年份。

对比 2009 年股市，商品与外汇投资看起来不怎么具有吸引力。可是读者回看一下本书导论中的图 0-4，这张图比较了商品、外汇与美国股票市场之间的表现。

我自认为相当了解市场投机，如果必须在商品、外汇与股票投资之间做出选择，我会毫不犹豫地选前者。以风险调整为基础，我会驾乘商品之马。

依赖经典形态分析原则

年线图、季线图、月线图、周线图、日线图或小时走势图都可能出现小型形态，它们常常不按套路来。比如，周线图上一个为期4个月的形态对应到日线图上，可能是许多小型形态。它们的形成过程看起来都不错，但可能不会出现该有的走势。同样，日线图上的形态对应到小时走势图上也会有许多形态，其中有些会达到目标，但多数会失败。

我们事后不难发现那些引发明显趋势的形态。可是，有些类似的形态不容易识别，它们失败后会变成更大形态的一部分。形态的形成是动态的，会不断演化、重新界定。

形态交易者面临两种选择：

（1）形成准确的盘感。了解哪些形态已经成熟可以操作，等到形态酝酿的走势即将或已经发动后进场，这样可以大幅减少形态失败的数量。这挑战的是交易者的耐心。

（2）挑选结构清晰的形态，采用合理的资金管理策略。要知道这些形态大部分会失败，会演变成更大形态的一部分，甚至成为结构不明确的形态。

有些技术分析者认为可以用自己的技术方法从而永远都抓住交易的时机。我认为这是不切实际的想法。它适合出现在广告上，实际的交易并非如此。

我想提醒形态分析者：某些形态是不符合经典理论结构的，其他技术工具也解释不了，很多大的趋势性行情并不来自清晰的形态。

很明显，第一个选项——那些即将或已经发动的趋势，应该是最有利可图且最不会使人受挫的。可问题是：这个选项对所有形态交易者来说是否切合实际。有些交易者非常有耐心，或者他们可考虑第一选项。不过，对于绝大部分交易者来说，第二个选项更切合实际。

6月黄金：头肩底

信号类型：主要预期信号、主要突破信号

第9章曾说过黄金交易，时间涵盖数月，还提到较为使我受挫的交易，因为形态重新界定了。

2009年10月初的上涨完成了一个为期18个月的头肩底（见图12-1）。颈线有好几种画法，我喜欢水平状的。这个形态的上方目标价位1350还没达到。我看多，认为可以达到周线图与月线图的目标价位。可是请记住，目标价位不是圣物。我见过有交易者在达到目标前被清理出场。

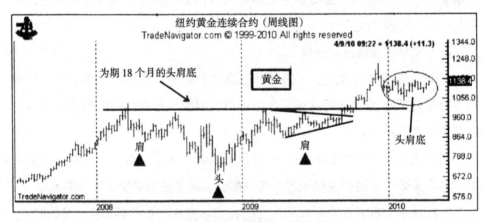

图12-1　黄金（周线图）：头肩底

3月黄金市场最主要的形态是6月合约日线图上的为期4个月的头肩底（见图12-2）。第9章曾用这张图（见图9-25）。头肩底右肩形成通道。4月1日，价格升破通道。我做多，每单位资本买进1手迷你合约。

4月7日，价格上涨并完成一个为期4个月的头肩底。上方初步目标是2009年12月高点1230。周线图上的头肩底给出的目标是1350（见图12-1）。所以我加仓，认为这是一笔好交易。

4月13日，价格回测颈线。4月16日，价格大跌而触发根据最近交易日法则设置的止损。到本书截稿，我虽无持仓，但还是认为头肩底会推动黄金走高。

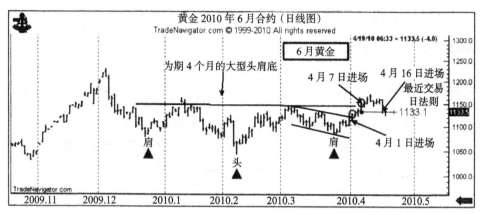

图 12-2 黄金（日线图）：为期 4 个月的头肩底

欧元/英镑汇率：有疑问的买进
信号类型：其他交易

这与稍后谈及的欧元/日元汇率是一个问题的两个方面，都涉及处理形态回测与相关信号。

4 月 5 日，欧元/英镑汇率下跌，跌破下方支撑、压力线（见图 12-3）。第 10 章讨论过支撑与压力线（见图 10-18）。

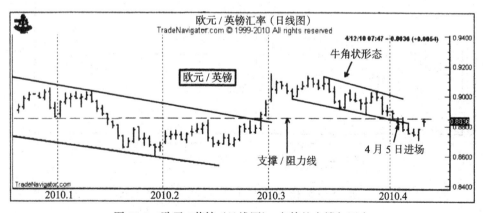

图 12-3 欧元/英镑（日线图）：交替的支撑与压力

我凭直觉做多,觉得风险很低,利用4月5日低点作为止损(根据回测失败法则)。结果第二天止损出场。

> ·回　顾·
>
> 做这类交易就像接飞镖一样。这算不上突破交易。我做多的时候行情还在下跌。事实上,事后看三角形正好完成于做多的当天。真要做多,要至少等一天,看会不会行情向上反转。

欧元/日元汇率:棘手的冰线
信号类型:主要突破信号(重新完成)

上一笔交易是在行情回测支撑线时做多欧元/英镑汇率,欧元/日元汇率的做空与此类似(见图12-4)。4月初的反弹回测周线图上的圆形顶。我认为这是个做空机会。

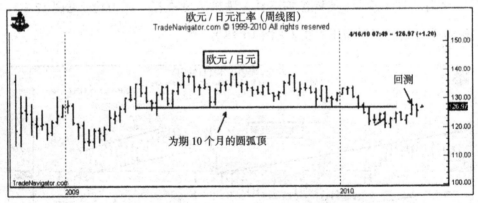

图12-4　欧元/日元汇率(周线图):回测圆形顶

图12-5显示,涨势确实在4月初升破周线图头部的冰线,维持了3天。4月6日,汇价向下反转,收盘于冰线之下,所以是圆形顶重新完成。我本

该在 4 月 6 日收盘时做空，但没有预埋卖空限价单。

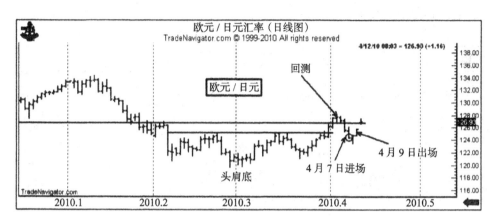

图 12-5　欧元 / 日元汇率日线图：回测顶部

我在 4 月 7 日做空。我对这笔交易一开始就很紧张。虽然当时最主要的形态还是周线图上的圆形顶，但日线图上的为期 7 周的头肩底也在 3 月 31 日完成了。所以，当时上有压力（周线图的圆形顶），下有支撑（日线图的头肩底）。4 月 8 日出现单日反转走势，我调紧止损。4 月 9 日，我平仓，损失了 0.2%。

·回　顾·

周线图有大型的头部形态，日线图有头肩底。我通常以最近的形态为准。有时形态倾向会彼此矛盾。此时应该等待形势明确再说。

大豆 11 月合约：典型的上升三角形
信号类型：次要反转信号

让我们看看空头陷阱的表现。价格突然跌破形态界线，但当天收盘在边界之上，次日交易都在界线之上，且价格收高。大豆 11 月合约 3 月 31 日与 4 月 1 日的走势就是如此。我于 4 月 1 日以收盘价做多，理由充分。

4月15日价格完成了一个为期10周的上升三角形（见图12-6），我做多，每单位资本10万美元买进2500蒲式耳㊀大豆。

图12-6　11月大豆对称三角形完成

图12-7是11月大豆合约周线图，展示了这个截至目前还在运行中的为期17个月的上升三角形。这个形态可能引发的重大趋势非常值得期待。

图12-7　11月大豆周线图上的大型对称三角形

㊀　1蒲式耳（英）= 36.3688升；1蒲式耳（美）= 35.2380升。

展望未来

往前看，我发现有几个市场非常值得观察。它们的周线图都正在构建大形态。本书曾在不同章节中提过。

道琼斯工业指数：历史性的头肩顶正在形成

这个市场正在酝酿重大走势，而且很快就会有结果，道琼斯指数可能出现历史上最严重的跌势。道琼斯指数季线图与月线图都出现了潜在头肩顶，颈线向下倾斜（见图12-8）。向下倾斜的颈线意味着头肩顶完成后的跌势会更严重。

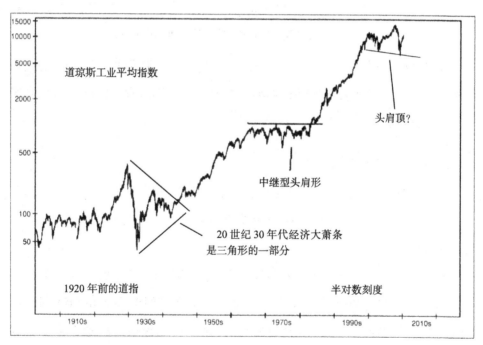

图12-8　100年以来道琼斯指数走势图潜藏头肩顶形态

连接头肩形态两肩端点的直线往往会跟颈线相互平行。图12-9是前述可能头肩顶的放大图。从 2009 年 3 月低点开始的上涨已到达这组平行线中上方直线的位置。涨势也可能突破平行线涨到左肩高点（11 750）。

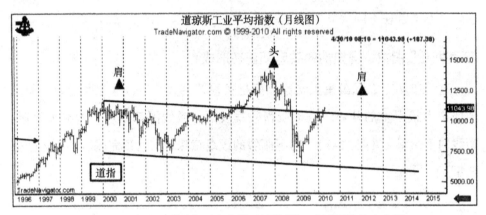

图 12-9　14 年的道琼斯工业指数（月线图）：确认可能的头肩顶

两肩对称不是头肩形态的必要条件，但实际上经常发生。图 12-9 的走势可能持续数年，以使右肩的运行周期与左肩对称。不过很多大的头肩顶右肩运行周期较短。

30 年期国债：美国国债违约

本书早前提过，美国 30 年期国债走势图显示，美国长期国债有违约可能。如图 12-10 所示，美国长期国债季线图出现了一个始于 20 世纪 80 年代初期的通道。

图 12-11 显示周线图上的头肩顶，可追溯至 2007 年年底。这个大型头肩形态的右肩本身也是个头肩形态。小头肩形态可回溯到 2009 年 6 月，似乎要完成。若如此，跌势可能很快就会出现，整个周线图的形态需要重新定义。

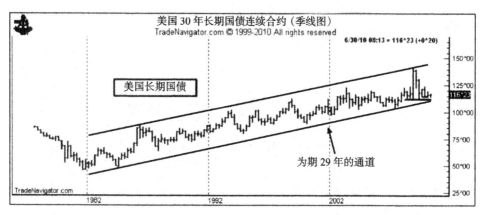

图 12-10　美国长期国债（季线图）：为期 29 年的通道

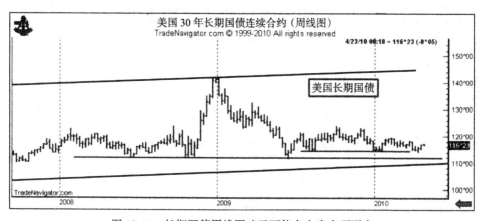

图 12-11　长期国债周线图暗示可能存在头肩顶形态

· 回　顾 ·

2010 年 5 月中旬，长期国债价格向上突破周线图上潜在头肩顶的左肩和右肩高点（见图 12-12）。我们经常在本书中看到形态需要重新界定的例子。现在，上方目标是 2009 年年初的高点 141.00 附近。

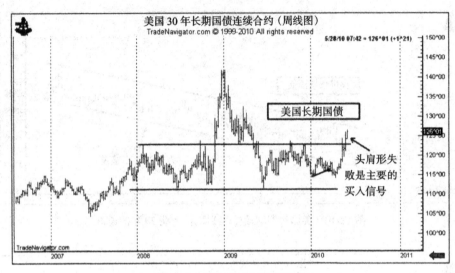

图 12-12　周线图头肩形失败

糖：仍然期待多头行情

关于行情展望，最后一个市场是糖。图 12-13 显示，2009 年年底的上涨使得为期数十年的大底部终于向上突破，但最近又回到底部，不过目前还没对牛市产生真正的伤害。

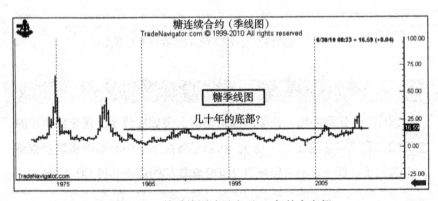

图 12-13　糖季线图暗示出现 30 年的大底部

> · 回 顾 ·
>
> 糖价继续下跌，跌破 1600 ～ 1700 的区域，下滑到 13 美分。多头行情虽未完全结束，但已严重受损。

本章小结

本书交易日志结束于 4 月 20 日，根据当天的价格结算两个未平仓头寸的结果（大豆 11 月合约与美元/加元汇率）。4 月总共交易 7 笔，其中 5 笔亏损，两笔获利（见表 12-1）。

表 12-1　4 月进场信号分类

信号种类	修正后的基准	4 月进场（次数及百分比）
主要形态		
完成	4.0（29%）	3
预期性	1.5（11%）	1
加仓	1.5（11%）	0
次要形态	4.0（28%）	2
直觉交易	2.0（14%）	0
其他交易	1.0（7%）	1
总计	14.0（100%）	7

本书逐笔交易的记录到此告一段落。第四篇将做总结，提供一些统计摘要资料，分析交易业绩，并展望未来。

| 第四篇 |

DIARY OF A PROFESSIONAL COMMODITY TRADER

总　　结

第四篇是 2009 年 12 月 7 日～2010 年 4 月 15 日交易的讨论与统计分析，然后展示一份最佳交易案例清单，列举这段时间内最经典的形态。

我衷心地希望对这 21 周交易的讨论和形态的案例能对读者的交易有所帮助。

| 第 13 章 |

交易业绩分析

在写本书时,我有两个愿望。第一个愿望是商品与外汇市场会出现与我的交易计划契合的趋势。我所交易的某些市场确实出现了趋势,但涨跌方式并不符合我的交易法则。

以下是 5 个市场的走势图,时间起自 2009 年 12 月 7 日(本书第一笔交易进场)至 2010 年 4 月 15 日(最后一笔交易)。品种包括:黄金(见图 13-1)、纳斯达克 100 指数迷你连续合约(见图 13-2)、糖(见图 13-3)、CRBI 指数(见图 13-4)与英镑/美元汇率(见图 13-5)。

这些市场分别代表贵金属、美股、软性商品、原材料商品与外汇。看这些走势图就能了解多数商品交易者(含作者)近几个月来面临的困境。

画一条直线勾画 12 月初至 4 月中旬的价格,我们会发现多数市场都在直线的两侧波动。

图 13-1　黄金（日线图）：2009 年 12 月～2010 年 4 月走势

图 13-2　纳斯达克指数（日线图）：2009 年 12 月～2010 年 4 月走势

图 13-3　糖（日线图）：2009 年 12 月～2010 年 4 月走势

图 13-4　CRB 指数（日线图）：2009 年 12 月～2010 年 4 月走势

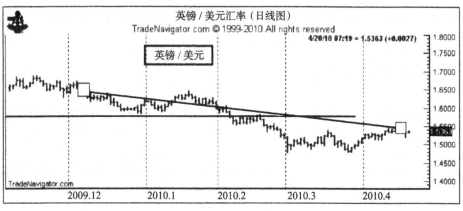

图 13-5　英镑 / 美元汇率（日线图）：2009 年 12 月～2010 年 4 月走势

第二个愿望是全球股票市场（尤其是美国市场）能松口气，不继续上涨。我作为职业交易者的态度较为保守，目标是在总账户资金波动有限的前提下每年尽力取得 18% 的收益率。

相比美国股票市场 2009 年 3 月～2010 年 4 月的表现，我设定的 18% 年度收益率目标看起来有些差劲。图 13-6 显示，标准普尔 500 指数在这段时间内上涨近一倍。很多个股上涨一两倍。股票市场在 2010 年 5 月曾经出现大的调整。

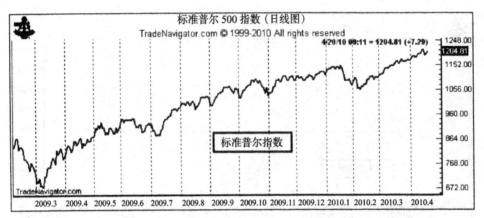

图 13-6　标准普尔股价指数（日线图）：2009 年 3 月～2010 年 4 月走势

在商品与外汇市场追求每年 10%～20% 的收益似乎很没意思。事后看我应该把"要素交易计划"运用于股票市场，而不是商品与外汇票市场。可是，我交易的正是商品与外汇，不是股票。

本书的基本主张还是成立的。

- 保守交易商品期货与外汇市场，在限制账户资金波动的情况下寻求稳定的收益率。
- 形态经得起时间考验，提供拟定交易决策的机制。但它是交易工具，不用来预测价格。
- 走势图能让交易者拥有微小的概率优势。最好的用法是耐心一致地执行交易计划。
- 一笔或少数连续几笔交易的成败不影响交易计划的稳定获利能力。
- 投机活动的成败取决于很多层面、因素。不过风险与交易管理远比选择交易品种重要。
- 要在投机市场获得稳定的成功，必须有效管理情绪：恐惧、贪婪、期待、信心太强或不足。

写作本书对于我的交易具有教育与启迪之意。我比大多数交易者更了解自己，更懂自己。

自己记录交易日志，每天整理交易总结，逼迫自己规范、检查与分析交易方法与系统。我必须对自己的交易行为、交易决策做系统性的思考并探究其背后的原因。我必须仔细回忆使用这个方法时的每个步骤和过程。我可以重新确认交易的各种法则。我相信我可以让交易计划更有效。

我确信世上没有哪两个成功的交易者采取了完全相同的交易方法，没有哪两个交易者会有完全相同的想法。交易者要在金融市场获得成功，必须最大化地发挥自身个性和性格的长处，同时设法克服或管理缺点。对我有用的方法未必对别人有用，反之亦然。

我无法说明其他交易者该怎么改善交易。每位交易者要自己解决。真正成功的交易计划会反映计划制订者的经验和执行力。

以下 3 部分探究我在 2009 年 12 月～2010 年 4 月的交易业绩。

（1）"要素交易计划"在这 5 个月期间的业绩表现——统计分析与探讨。

（2）5 个月来，我逐笔交易、逐个单子地严格执行、分析计划，关于"要素交易计划"（与自己）学到了什么？

（3）将来我的最佳操作应该是什么样的？

交易计划的业绩

在本书提到的 21 周里，"要素交易计划"总共提供了 68 个进场信号。有些是同一品种（比如做空英镑 / 美元汇率的几笔交易，做空美国长期国债的几笔交易）。

表 13-1 对比了"要素交易计划"目标与 2009 年 12 月 7 日 1～2010 年 4 月 15 日的实际执行结果。

表 13-1　2009 年 12 月～2010 年 4 月的交易信号分类

信号种类	修正后的每月目标	2009 年 12 月～2010 年 4 月的交易信号（次数及百分比）	2009 年 12 月～2010 年 4 月的交易信号（每月平均）	差异（每月信号）
主要形态				
完成	4.0（29%）	23.0（34%）	5.0（33%）	+1.0
预期性	1.5（11%）	9.0（13%）	2.0（14%）	+0.5
加仓	1.5（11%）	2.0（3%）	0（0%）	−1.5
次要形态	4.0（28%）	22.0（32%）	4.0（32%）	0
直觉交易	2.0（14%）	4.0（6%）	1.0（9%）	−1.0
其他交易	1.0（7%）	8.0（12%）	2.0（10%）	+1.0
总计	14.0（100%）	68.0（100%）	14.0（100%）	

表 13-1 显示，从发出信号的角度说，"要素交易计划"的执行结果优于计划目标。表 13-2 显示了表 13-1 的月份详细资料。

可是，交易计划执行的实际业绩与预期差别很大（见表 13-3）。

5 个月来，"要素交易计划"的业绩显然低于目标，相差约 5%。表面上看这种差异不值一提，因为商品与外汇交易不同于收益稳定的年金或国债。本书之前说过，交易结果总是会有起伏落差，甚至会碰到连续亏损的交易日、交易周、交易月和交易年。

实际操作业绩不如目标，是因为缺乏"净利润交易"，即获得较大利润的单子。一般来说，大概有 10% 的交易是净利润交易，它们符合下列条件。

- 形态清晰，且突破之后干净利索，没有回测形态边界或冰线。
- 趋势运行稳定，并达到形态目标价位。
- 收益大约是资产的 2%。

长久以来，我每个月平均会有一两笔净利润交易。其实，"要素交易计划"也需要这样。

表 13-2 交易逐月分解

要素公司

信号类型	修正后的基准（次数及百分比）	2009年12月 进场（次数及百分比）	2010年1月 进场（次数及百分比）	2010年2月 进场（次数及百分比）	2010年3月 进场（次数及百分比）	2010年4月 进场（次数及百分比）	12月至4月 总进场及百分比	12月、4月差异（百分比）
主要形态								
完成	4 (29%)	6 (46%)	8 (50%)	4 (25%)	2 (13%)	3 (43%)	23 (34%)	5%
预期性	1.5 (11%)	0 (0%)	2 (13%)	2 (13%)	4 (25%)	1 (14%)	9 (13%)	3%
加仓	1.5 (11%)	0 (0%)	1 (6%)	0 (0%)	1 (6%)	0 (0%)	2 (3%)	-8%
次要形态	4 (29%)	4 (31%)	3 (19%)	6 (38%)	7 (44%)	2 (29%)	22 (32%)	4%
直觉交易	2 (14%)	1 (8%)	1 (6%)	1 (6%)	1 (6%)	0 (0%)	4 (6%)	-8%
其他交易	1 (7%)	2 (15%)	1 (6%)	3 (19%)	1 (6%)	1 (14%)	8 (12%)	5%
总计	14 (100%)	13 (100%)	16 (100%)	16 (100%)	16 (100%)	7 (100%)	68 (100%)	
胜率	35%	38%	69%	44%	19%	29%	41%	
成功笔数	5	5	11	7	3	2	28	
底线交易笔数	1.4	1	1	0	0	0	2	
底线交易百分比	10%	8%	6%	0%	0%	0%	3%	

表 13-3　要素信号与绩效数据对比

绩效衡量指标	计划目标（5个月）	2009年12月7日～2010年4月20日（实际）	差异（百分点）[2]
获利交易笔数	35% 大约每3笔中有1笔	41%	+6% 点
未获利交易笔数	65% 大约每3笔中有2笔	59%	-6% 点
年化收益率	18%	12.9%	-5.1% 点
最大月底回撤[1]	（8%）	（5.8%）估计	
获利、亏损交易比率	2.6:1	1.8:1	
底线交易笔数及其占比	7（10%）	2（3%）	-5 笔交易

[1] 实际账户，根据市场月增值指数计算，参考"注释"的揭示陈述。
[2] 2009年12月～2010年4月实际 vs 计划目标。

2009年12月～2010年4月，"要素交易计划"只有两笔净利润交易，是业绩不符预期的主要原因之一，但我还想知道其他负面因素。

表13-4列举了"要素交易计划"过去5个月内各种进场信号类型的业绩。

表 13-4　要素交易计划信号分类绩效

信号种类	交易笔数	总盈亏[1]
主要形态		
完成	23	6 089
预期性	9	4 003
加仓	2	（336）
次要形态		
中继	10	884
反转	12	（1 658）
直觉交易	4	471
其他交易	8	（3 960）
总计	68	5 473

[1] 每交易单位 100 000 美元。

在这段时间内，主要形态提供的交易机会最好。次要反转形态与其他交易的负面影响最大。交易的某些次要反转形态构建时间太短，在计划之外，因此将来需要更有效地管理这类交易。

我还希望通过其他几种标准审视交易业绩。表13-5显示了形态形成时长与交易业绩的关系。

表13-5 要素交易计划绩效与形态形成时长

日线图形态形成时长	总盈亏[①]
1～4周——与大型形态无关	（2 157）
1～4周——与大型形态有关	4 644
5～8周	1 274
9～13周	（1 254）
14～18周	1 996
18周以上	991

① 每交易单位100 000美元。

在这些资料中我们看到，一个跟主要形态有关的、为期1～4周的短期形态的获利为4644美元，跟主要形态无关的短期形态则导致显著亏损。所以，我们要考虑较长期形态下的短期形态。能构建16～18周的主要形态的突破信号对于交易业绩的贡献也很大。

此外，表13-6根据出场策略分析交易业绩。

表13-6 要素交易计划绩效与出场策略（2009年12月～2010年4月）

出场策略	在总交易中的占比	总盈亏
发生其他形态	3	156
最近交易日法则	25	（10 411）
最近交易小时法则	2	（935）
迅速获利	4	4 701
回测失败	17	（3 225）
目标价位	9	10 959
追踪性止损法则	10	6 448

注：某些交易如果分批出场，则会重复计算。盈亏按照单位交易资本100 000美元计算。

表面看这一结果是理所当然的，没什么意外——根据最近交易日法则设置止损的仓位自然是亏损的，在目标价位平仓的仓位自然是盈利的。可是，如果根据信号类别审视出场策略，或许会有新的收获。

我极力反对根据技术指标来优化短期交易信号。我始终强调交易与风险管理比识别交易机会重要。

在出场方面，如果积极地进行资金管理，即可改善净利润交易的结果，也可降低账户资金波动。我根据下列准则测试本书讨论的实际交易信号。

- 删除其他交易。
- 其余的交易都采用保护性止损策略（如同实际操作的情况）。
- 所有交易都在预先确定的盈利额平仓（主要突破信号与其他信号采用不同的金额）。

这一风险与交易管理模式可以增加获利，将实际结果从 5.5% 提升至 21.3%。当然，这是假设，在将来的实际交易中未必获得类似的结果。

从这 5 个月的市况来看，快速结利平仓更为明智，但将相同的策略运用于 2007～2008 年会错失大段盈利。

如果我有更充裕的时间整理，会考虑更多交易和风险管理策略（将来或做），包括：

- 如果不做为期少于 4～6 周的所有次要形态信号（尤其是反转信号），长期业绩会怎样？
- 结利平仓后，若价格回测初始进场位，而我重新开仓，将会有什么影响？
- 对于主要突破信号，如果有一半仓位采用"目标价位的最近交易日法则"，结果将会怎样？
- 所有交易的杠杆都一律标准化，长期业绩又会怎样？眼下我会根据几个因素调整杠杆。

关于最后一点，我对这段时间内的所有交易信号做了历史测试，然后比较实际交易承担的风险（资产的 0.3%～1.2%）与固定风险（将初始止损固定为 0.7%）的结果。

如果每笔交易都固定承担 0.7% 的风险，收益会从实际的 +5.5% 增加至 +8.2%。这说明什么？这说明对于交易能否获利，我的主观判断相当不准确！

交易计划（和交易者）如何演变

我弄不清每年从交易中要得到多少教训或启示。我想，这是过去已经知道的知识要通过不同角度、不同层次或不同立场再体会一次，很多情况下是重复体会。

通过实际交易获取的启发也是对自己的启发。不同的交易者所使用的交易方法反映的是交易者本身的个性与特质——不论好坏、美丑。交易计划的缺陷体现的也是交易者本身个性上的缺陷。

交易者要获取交易计划上的优势，首先就要觉察自己性格上的优劣。有人说，想要了解一个人的真正个性与本质，就看他怎么投机。

请注意，交易者不要根据最近一笔或几笔交易的盈亏，或者最近一两个月的交易结果，就修改交易计划准则。我反对这类优化，尤其是用技术指标寻找交易机会。

交易方法的基本概念或架构可能存在缺陷，需要不断地改善、改进。我的经验是：这些概念大多数是资金管理问题或执行交易计划的问题。

虽然我们改变不了过去，但也必须努力审视。我们应该思考：

- 影响交易业绩的因素有哪些？
- 应该怎么修改交易计划、交易法则或准则以提升交易业绩？
- 这些修正是最近交易的最优化程序，还是真能提升将来的业绩？

我认为，3个因素对2009年12月～2010年4月的交易业绩造成了负面影响，其中有一项是我不能控制的。

（1）缺乏"最佳交易案例"的形态。这是不受我控制的因素。第14章提到，我错失了3个"最佳交易案例"的形态中的一个。在5个月的时间内，通常该有5～7个"最佳交易案例"才算正常。

（2）交易类别错做。我做了太多时间太短的形态信号，也做了太多对角状形态信号。

（3）交易管理技巧使用不佳。我用的主要交易管理技巧包括：最近交易日法则、随市止损法则、回测失败法则以及后续形态介入法则。这些法则是长期发展、优化得来的，主要是为了避免扩大交易亏损，避免仓位由盈转亏。这些技巧通常效果不错，不过也有效果不好的时候。

在过去的5个月内，我有很好的机会来审视这些交易管理技巧，让我更深入地理解每种技巧与市场行为之间的关系。我总结了一些有关这些规则的观点。明确地说，我认为并非每个技巧都适用于所有信号类别。

第三篇的导语说过，写作本书让我离市场更近，不能跟波动的行情保持距离——这对交易业绩产生不良影响。事后看，我觉得这个顾虑是有根据的。其实，我认为，过于靠近市场至少损减了一半的收益。我本该少花些时间盯盘。除了需要提交订单外，非必要时应尽力远离市场。

本章小结：运用于将来的最佳操作

根据最近几个月运用得最顺手的策略修改交易方法是非常危险的。能改善过去业绩的方法反而不利于将来的交易。

在此前提之下，"要素交易计划"将吸收这几个月的4个教训。

（1）删除所有运行时间不足6周的形态信号，除非它涉及更大形态的形成，尤其是周线图形态的构建或完成。

（2）审慎对待对角状形态，尤其是趋势线和通道。

（3）要给予周线图形态的突破更大的缓冲空间。事实上，潜在的"最佳交易案例"应只用最近交易日法则作为风险管理准则。

（4）除非是根据主要突破信号开仓，否则都尽量在几天内就平仓（这可能是最大的改变）。

过去5个月，我有很多交易是刚开始获利，最终却亏钱出场的。虽然交易者不可能完全抓住市场给的最大盈利，但确实可以通过调整操作对不属于主要形态的突破信号尽快平仓。

这一调整会使交易计划的执行复杂化，因为要用不同的交易管理方法处理不同的信号类别。不过这只是战术上的考虑，只涉及交易管理。我认为这一调整能改善长期盈利能力，并降低账户资金的波动程度。

交易"最眼下"的行情

芝加哥期货交易所的一位交易老手给了我一个最棒的建议，"交易走势图最右端行情"。

换言之，图表交易的最佳决策是那些延迟、延迟、再延迟的决策！不要预测形态会怎么发展，让走势自己展现；不要预测突破；不要认定形态怎么演变。

交易者不要太在意盈亏本身，交易者的注意力应该放在等待图表那个"指定的时机"。

这一建议很睿智！

我根据最近的交易表现整理了一份最佳交易案例清单。我认为，这个清单可以给很多形态交易者提供一些参考，无论你是新手，正为交易困惑，还是想提升一下已经成功的方法。

我和其他图表交易者将来应该关注：

- 在研判一个市场时，每周研判周线图的次数不要超过一次，每天研判日线图也不要超过一次。除非是开仓时设置的止损，否则不要盯盘。
- 开盘之前预埋好订单。如果可能，尽量采用"取消前继续有效"的订单。避免在流动性不好的电子盘（诸如农作物、肉品与纤维市场）下单。
- 交易主要突破信号时，每周调整止损的次数不超过一次。
- 不要追涨杀跌。市场永远还有机会。追涨杀跌会严重违反其他法则。
- 限制自己参与日内的行情波动。
- 交易不属于主要突破的信号时要尽早结利平仓。
- 预先埋入结利单。结利平仓后几天之内避免交易该品种。
- 绝对不要持亏损仓过周末。到了周五还浮亏，必须砍仓。
- 不要执着于某个品种，或者执着于已经错过的机会。市场永远有其他机会、形态可用。
- 不要在乎其他交易者、分析师的做法或倾向。专心于自己的交易。
- （见前文）交易走势图最右端行情。
- 要保存每个交易品种一年的连续日线图，并定期研读。值得交易的是最近一年内的最佳的5个标准形态之一。
- 最好不要考虑交易运行时间少于6~8周的形态。

相信写作本书带给我的经验和启发对我将来的交易有帮助。虽然写作本书耗费的时间与精力远超过当初的设想，但我相信自己会交易得更好。

我希望读者也是如此。

| 第14章 |

最佳表现清单

本章展示的是2009年1月～2010年4月的"最佳表现清单"（best dressed list）。最佳表现清单列举的是经典形态理论的案例，评估规则为：

- 周线图上"清晰的"经典形态，构建时间至少为10～14周。
- 日线图上存在对应的形态。
- 有效、明确地突破形态界线或冰线，没有或者少有回测。
- 趋势上向突破方向持续运行。

"要素交易计划"是否参与了这些"最佳表现清单"，不是此处考量的重点。可是，在某种限度上，"要素交易计划"的长期获利能力，将取决于参与这些交易的情况。

表14-1列举了2009年1月～2010年4月"最佳表现"的相关市场。

表 14-1 列举 2009 年 1 月～2010 年 4 月期间的"最佳交易案例"

图表形态	市场	突破日期	达到目标的日期	达到目标所运行幅度①
周线图和日线图：为期 7 个月的双重底	澳元/美元现汇汇率	2009 年 4 月 30 日和 5 月 1 日	7 月 28 日	941 点
周线图和日线图：为期 14 个月的三角形和为期 9 个月的下降三角形	欧元/瑞士法郎现汇汇率	2009 年 12 月 18 日	3 月 23 日	676 点
周线图：为期 9 个月的趋势线和为期 6 个月的楔形；日线图：相同，另有为期 5 周的三角形通道	欧元/美元现汇汇率	2009 年 12 月 4 日	2 月 4 日	1052 点
周线图和日线图：为期 16 周牛角形底	英镑/美元现汇汇率	2009 年 5 月 8 日	6 月 3 日	1448 点
周线图和日线图：为期 4 个多月的头肩底	新西兰元/美元现汇汇率	2009 年 5 月 19 日	9 月 7 日	1015 点
周线图：为期 6 个月的失败上升三角形	美元/加元现汇汇率	2009 年 4 月 24 日	5 月 29 日	1122 点
周线图和日线图：为期 8 个月的头肩底	标准普尔股指期货	2009 年 7 月 23 日	目标价位为 1246 点	
周线图：为期 14 个月的三角形与为期 3 个月的楔形和 6 周的楔形和为期 3 个月的三角形	糖	2009 年 5 月 1 日和 2009 年 12 月 14 日	2009 年 8 月 6 日和 2010 年 1 月 6 日	784 基点
周线图和日线图：为期 7 个月的对称三角形	黄金	2009 年 9 月 2 日	11 月 4 日	112 美元/盎司
周线图和日线图：一系列整理形态	铜	许多	许多	无资料
周线图和日线图：为期 23 周的头肩底	原油 10 月合约	2009 年 5 月 6 日	6 月 10 日	1280 基点

① 形态完成所蕴含的走势幅度。

澳元／美元汇率为期 7 个月的双重底

周线图与日线图上的双重底于 4 月底完成（见图 14-1 与图 14-2）。日线图的走势可以用"复杂支点"（compound fulcrum）来描述，这是 OX 图的说法。经典形态理论认为复杂支点底部类似于向上突破的复杂头肩顶。

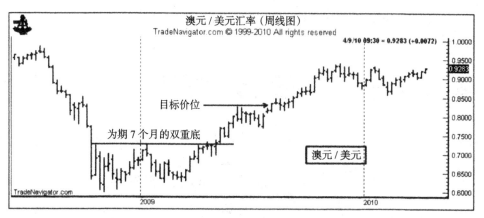

图 14-1　澳元／美元汇率（周线图）：双重底

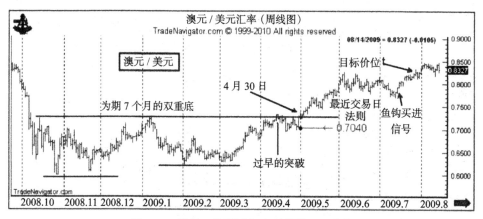

图 14-2　澳元／美元汇率（日线图）：双重底

4 月中旬，市场过早突破，但 4 月 30 日的上涨和 5 月 1 日的收盘价显示向上突破还算有效。目标价位 8289 于 7 月 28 日达到。6 月与 7 月初的整理不好处理，但还是在 7 月 14 日出现鱼钩加仓买进信号。

欧元／瑞士法郎汇率为期 14 个月的三角形与为期 9 个月的下降三角形

2009 年 12 月，欧元／瑞士法郎汇率同时完成了两个形态：14 个月的 6 端点（标示为 A～F）三角形以及为期 9 个月的下降三角形。最初目标于 3 月底达到。

图 14-3 为周线图，图 14-4 为日线图。我完全错过了这个交易机会，走势发动之后才察觉。

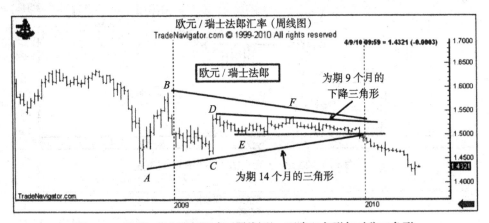

图 14-3　欧元／瑞士法郎汇率（周线图）：下降三角形与对称三角形

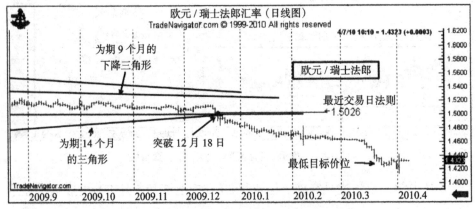

图 14-4　欧元／瑞士法郎汇率（日线图）：突破形态，完成目标价格

欧元/美元汇率为期 6 个月的楔形形态

12 月初的下跌不仅突破了为期 9 个月的趋势线，也完成了周线图上为期 6 个月的楔形（见图 14-5），日线图上则完成了为期 5 周的通道（见图 14-6）。

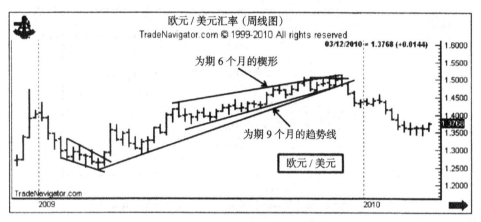

图 14-5　欧元/美元汇率（周线图）：主要趋势线与楔形

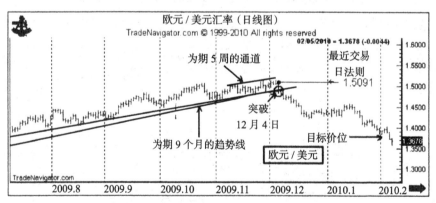

图 14-6　欧元/美元汇率（日线图）：突破形态，完成初步目标

形态目标于 2010 年 2 月 4 日达到。3～12 月的上涨不好处理，出现了几次过早突破与假突破，最后才出现有效的向下突破。

我个人的这笔交易过早地结利平仓了，我是根据为期 5 周的通道而非为期 6 个月的楔形设置目标的。

英镑 / 美元汇率为期 16 周的牛角状形态

2008 年的长期跌势后，英镑 / 美元汇率出现了少见的为期 16 周的牛角形形态，完成于 5 月 8 日（见图 14-7）。

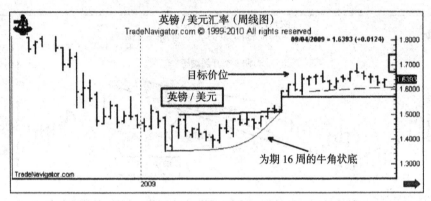

图 14-7　英镑 / 美元汇率（周线图）：为期 16 周的牛角状形态

图 14-8 是对应的日线图，汇价向上突破之后，停在冰线附近整理，但未威胁到根据最近交易日法则设置的止损，之后稳定地上涨，目标价位于 6 月 3 日完成。

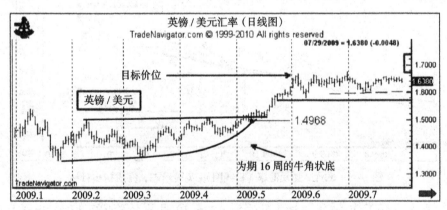

图 14-8　英镑 / 美元汇率（日线图）：形态突破，完成目标价位

新西兰元 / 美元汇率为期 4 个月的头肩底

5 月 19 日，新西兰元 / 美元汇率完成了周线图上为期 4 个多月的头肩底

（见图 14-9）。

　　本例中右肩的运行时间较左肩要少。最好的头肩形态是左右对称的；若不对称，右肩短比右肩长要更可靠。

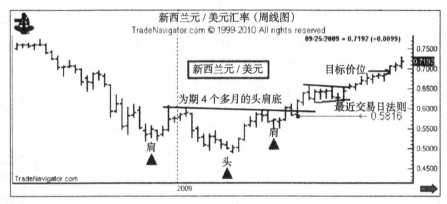

图 14-9　新西兰元/美元汇率（周线图）：头肩底与三角形整理形态

　　日线于 5 月 8 日首次向上突破，很快在 5 月 11 日回到颈线，5 月 19 日收盘价则有效向上突破，于 9 月 7 日达到形态目标（见图 14-10）。

　　经过 5 月底的一段急涨，走势开始构建为期 6 周的三角形整理形态。这是很好的加仓机会。

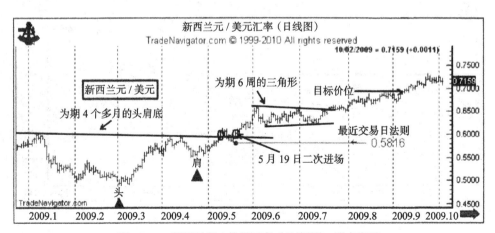

图 14-10　新西兰元/美元汇率（日线图）：形态突破

美元／加元汇率为期 6 个月的失败上升三角形

本书第 4 章说过这个例子。4 月的跌势，完成了周线图上的失败上升三角形形态（见图 14-11）。

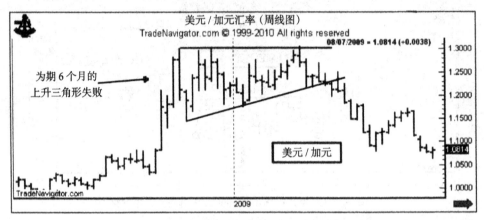

图 14-11 美元／加元汇率（周线图）：上升三角形形态向下突破

这个形态之所以"失败"，是因为直角三角形通常朝水平边界突破。图 14-12 的日线图显示 4 月 14 日曾经出现过早突破，随后又回到形态区间内。

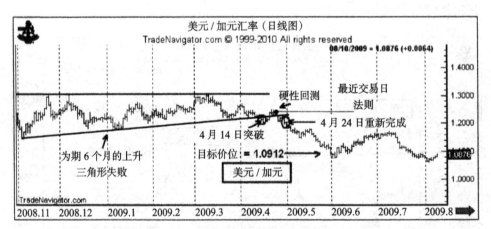

图 14-12 美元／加元汇率（日线图）：失败形态突破与重新完成

4月24日,汇价第二次突破且完成了这个失败形态。目标价位于5月29日到达。

标准普尔指数为期8个月的头肩底形态

市场每年都会出现至少一个难以置信的形态,而我当时可能会逆势操作,结果总是亏损。

这种情况体现在2009年(延续到2010年),就是标准普尔500指数。我看到标准普尔迷你合约周线图出现了一个为期8个月的头肩底形态(见图14-13)。

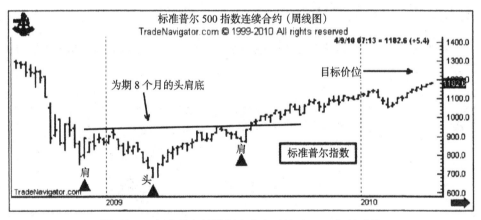

图14-13 标准普尔周线图头肩底反转了2008年的跌势

7月23日突破的根据最近交易日法则设置的止损从来没有受到威胁(见图14-14)。形态上方目标还没有达到,至于最终能不能达到,就是仁者见仁智者见智的事了。

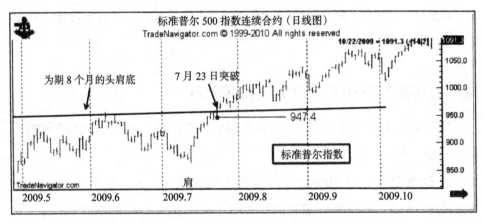

图 14-14　标准普尔指数日线图清楚地显示头肩底突破

糖为期 14 个月的对称三角形

糖的主要形态是周线图上的为期 14 个月的对称三角形，于 2009 年 5 月 1 日完成（见图 14-15）。

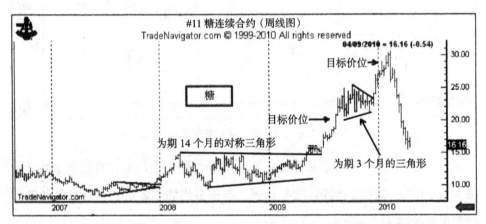

图 14-15　糖周线图的 2007～2009 年多头市场：价格形态案例研究

形态目标价位于 8 月 6 日完成。这个走势曾出现了数次加仓机会（图形没有显示）。日线图上对应的形态是通道与楔形。周线图与日线图上都形成了清晰明确的整理形态，于 2009 年 12 月中旬完成（见图 14-16）。

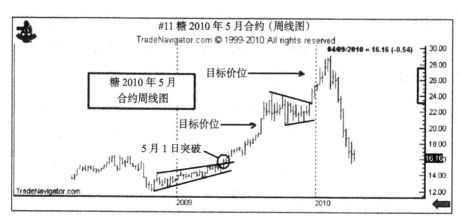

图 14-16　2009 年 5 月糖合约：楔形与对称三角形驱动的多头行情

黄金为期 7 个月的三角形

日线图显示，一整年黄金市场出现了形态不断重新界定的情况。形态完成后的走势总是失败，然后成为更大形态的一部分。

2 月到 9 月初，情况一直是这样的（见图 14-17）。我曾在本书第 6 章详细说过。

图 14-17　黄金（周线图）：为期 7 个月的对称三角形

周线图的整理形成了一个为期 7 个月的对称三角形。9 月 2 日,价格上涨了 22 美元 / 盎司,完成了对称三角形(见图 14-18)。经过长达 7 个月高卖低买的区间交易后,交易者很难在高位强势做多。可是,在收盘向上突破当天做多通常都是对的。

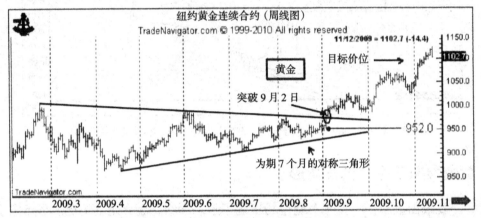

图 14-18　黄金(周线图):对称三角形突破

市场长期盘整会耗尽交易者的耐心。所以,真突破发生时,交易者往往会犹豫而不敢有所行动。我这些年来碰到太多这类情况。过早突破让我赔了钱,在有效突破出现时我却不敢动。

市场总想让你跟赚钱无缘

投机资本市场的宗旨是把多数人的财富集中到少数人身上;长期而言,如果做不到这个,投机市场就不会存续。这一说法如果成立,那市场会想方设法让你和赚钱无缘。这不是说市场有意为之,市场没有人格。即使这样,我也认为市场会有系统性的方法做到这一点。

铜的一系列整理形态

图 14-19 很好地展示了一系列的小型整理形态是如何构成主要趋势的。铜日线图包含了 5 个形态，平均构建用时为 7 周，而且都在主要趋势线（为期 10 个月）上方。

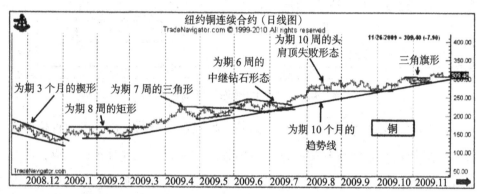

图 14-19　铜（日线图）：许多整理形态

我不得不承认，事后观察这些形态更容易。事后看很漂亮，事中交易很困难。

原油的头肩底

一般来说，最好的周线图是近月合约图，运行时间能持续到第一交割通知日或是合约到期日。

我也会看交投最活跃的合约的周线图，它能提供重要信息。有时某些远月合约的周线图也会出现清晰的形态。

2009 年的原油市场就是这样的（见图 14-20）。2009 年 10 月合约的周线图显示，5 月初的上涨完成了一个为期 23 周的头肩底。

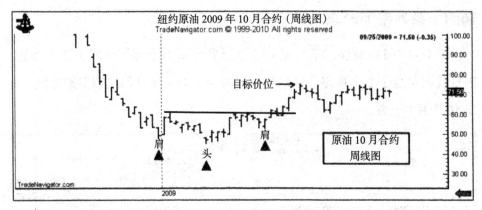

图 14-20　原油（周线图）：头肩底形态

图 14-21 是 10 月合约日线图，这是一份收盘曲线图。没有盘中价格的干扰，我们能更清楚地看到突破发生时的情况。头肩底在 5 月 6 日完成，经过一周的整理，直接在 6 月 10 日达到目标价位。请记住，收盘价是每天最重要的价格，其他都是噪声。噪声会造成干扰。

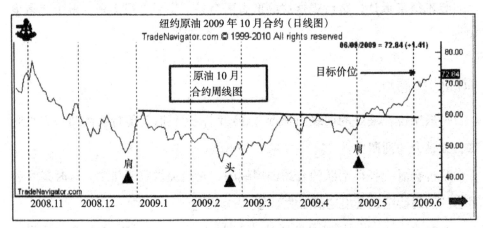

图 14-21　原油 2009 年 10 月合约日收盘价折线图

本章小结

每年"最佳表现清单"里的形态未必相同。比如 2008 年就出现很多很好的周线形态，突破干净利索，跟进趋势也很明确，尤其是原材料商品市场。"要素交易计划"的业绩很依赖这类形态。如果不能抓住这些机会，我的交易情况恐怕会不乐观。

本书 5 个月内的最佳表现清单案例较少。事实上，2009 年 12 月以来，达到形态目标价位的最佳表现只有 3 笔：欧元/美元汇率、欧元/瑞士法郎汇率与糖牛市的最后涨势。我没有完全抓住欧元/美元汇率的机会，还完全错过了欧元/瑞士法郎汇率的机会。

只有某些年份才会出现好的形态，比较适合形态交易者，但所有的形态交易者都必须明白：过去有很好的形态交易机会，将来也会有很好的形态交易机会。交易者最重要的资产是账户净值。因此，如果市场没有提供很好的交易机会，或交易者跟不上市场的节奏，那么第一要务就是保护好账户资金。

请记住，我们很容易在形态清晰且趋势明确的商品/外汇市场行情中赚到钱，但真正的挑战是交易不顺的走势。

后 记

本书交易日志的最后一笔发生在 2010 年 4 月 20 日。现在是 2010 年 6 月初，我希望在此补充本书的某些内容并更新"要素交易计划"。

最后业绩

5 月是 2010 年截至目前交易业绩最棒的一个月。本书交易日志截至 4 月 20 日，获利 5.4%。读者可能还记得，获利目标为 10%～15%，明显过于乐观。

4 月 20 日～5 月 31 日，"要素交易计划"进行得很顺利。2009 年 12 月 7 日（交易日志第一天）以来 6 个月的交易业绩（截至 5 月底），获利 +9.6%。这是 Factor LLC 基金交易的实际获利。最近 5 周交易的获利主要来自两个市场。

股票市场下跌

图 PS-1 显示,道琼斯工业指数 6 月合约于 5 月 4 日完成了头肩顶,我做空。形态目标 10 630 很快到达,甚至远远超过。反弹走势持续到 5 月 13 日,形成楔形,这也是做空好机会。

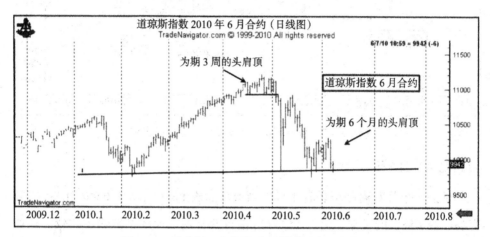

图 PS-1　道琼斯工业指数(日线图):小型头肩顶

现在,构建了好几个月的头肩顶逐渐成形,目前空头主导着趋势。

澳元 / 加元汇率的区间交易向下突破

本书曾在第 11 章讨论过图 11-5 与图 11-6,澳元 / 加元汇率日线图出现三角形,但突破位置太接近三角形的尖端。当时,我的交易由空转多,再由多转空,每笔都亏损。

图 PS-2 显示,区间走势最后向下突破。一个为期 14 周的矩形以及为期 6 个月的潜在下降三角形于 5 月 11 日完成。这段走势可以入选 2010 年"最佳表现清单"。形态目标已经达到。

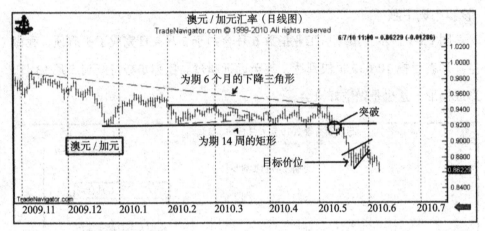

图 PS-2 澳元/加元汇率（日线图）：主要卖出信号

与其他基准比较的业绩

过去 6 个月对商品交易者来说相当艰难。表 PS-1 列示了 Factor LLC 实际交易商品/外汇的结果，并与期货/外汇行业常用的业绩基准做了比较，这些基准包括：领先商品交易基金指数（Lyxor CTA Index）、巴克莱避险新优势商品交易基金指数（Barclay Hedge Newedge CTA Index）和标准普尔 500 指数。领先指数与巴克莱指数追踪的是商品与外汇市场交易基金的业绩。

表 PS-1 绩效比较：要素交易计划 VS 行业基准（2009 年 12 月～2010 年 5 月）

资产类别	过去月份（2010 年 5 月）	过去 6 个月（2009 年 12 月～2010 年 5 月）
要素交易计划	+7.8%	+6.2%
年度 18% 的目标收益率	+1.5%	+9.0%
标准普尔 500 指数	(9.2%)	(0.5%)
巴克莱避险新优势商品交易基金指数	(1.4%)	(1.3%)
领先 ST 和领先商品交易基金指数（相同权重）	(0.2%)	(2.38%)

注：要素交易计划的绩效以 Factor Classic Fund 的绩效为准，考虑所有的费用。

资料来源：SPX 收盘价；Factor 内部审计数据；www.BarclayHedge.com；www.lyxdrlieclgeindicies.com。

请注意，以上只是针对某特定期间的业绩所做的比较，这些数据未必具有代表性。也就是说，对于任何其他期间，"要素交易计划"的业绩可能优于或劣于行业基准。

总结

本书深入观察 6 个月的交易状况。6 个月甚至 1 年是很短的，未必具有代表性。最后我希望通过 6 个月的交易审视我的交易生涯。

图 PS-3 显示了我 1981～2010 年 4 月整个交易生涯的业绩。方框标示出本书讨论涵盖的时间。这幅图显示了加值月度指数（value added monthly index，VAMI）的成长情况，假设起始交易资本为 1 万美元。

我对这幅图做了必要的调整，以反映目前交易使用的杠杆是 1981～2008 年的 1/3。所以，对于 1981～2008 年年底的自有资金交易业绩月度收益来说，VAMI 计算只采用相关数据的 1/3。2009 年之后的业绩，VAMI 计算则采用实际取得的业绩数据。

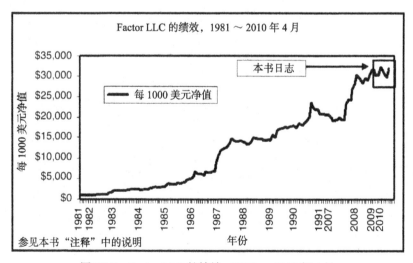

图 PS-3　Factor LLC 的绩效，1981～2010 年 4 月

|附录 A|
要素交易计划信号一

表 A-1 列示"要素交易计划"采用的信号和交易,涵盖期间为 2009 年 12 月 7 日~2010 年 4 月 20 日。截至 4 月 20 日还没有平仓的交易,根据当时市场价格进行结算。关于这些业绩数据的完整解释,请参考本书"注释"中的说明。

表 A-1 Factor Classic LLC 2009 年交易日志记录

日期	市场	月份	做多或做空	进场价位	每10万美元资金所下仓位	最近交易日法则	起始止损点	起始分项所占本金比例	目标价位	信号类型	形态时长	日线形态	周线形态	其他	调整止损点日期	出场日期	出场价位	每10万美元盈/亏	每手净盈/亏	所用出场法则
12.7	欧元/美元	现汇汇率	空	1.479 6	-350 00	1.509 2	1.509 6	1.1	1.444 6 & 1.397 2	主要形态完成	5周	通道	9个月通道		12.9 干 15 009	12.17	1.444 6	$0		达到目标
12.9	英镑/美元	现汇汇率	空	1.622 8	-650 00	1.637 6	1.638 6	1.0	1.566 8	次要形态完成	9周	头肩顶				12.16	1.638 6	($1 215) ($1 037)		最近交易日法则
12.11	糖	3月合约	多	2 371	0.5	2 312	2 298	0.7	3 500	主要形态完成	14周	通道		6周头肩形	12.21 干 25.29	12.22	2 528	$874	$1 748	追踪性止损法则
12.11	糖	3月合约	多	2 371	0.5	2 312	2 298	0.7	2 736	主要形态完成	14周	通道		6周头肩形	12.24 干 2 496	12.28	2 736	$2 039	$4 078	达到目标
12.14	棉花	3月合约	多	7 522	1.0	7 381	7 378	0.8	7 880	其他	3周	底形			12.21 干 7 423	12.22	7 421	($515)	($214)	回测失败
12.15	豆油	3月合约	多	4 037	0.7	3 958	3 949	0.7	根据市况而定	主要形态完成	17周	对称三角形	可能的12个月钻石支点	回测11月13日缺口	12.17 干 4 004	12.17	4 003	($150)		回测失败
12.16	澳元/美元	现汇汇率	空	0.898 9	-45 000	9 140	9 142	0.7	8 486	主要形态完成回测	11周	头肩形	3个多月的钻石形态		12.17 干 9 021; 12.24 干 8 871	12.28	0.887 2	$517		追踪性止损法则
12.16	道琼斯指数	3月合约	多	5 870.5	0.5	5 759	5 757	0.7	6 390	主要形态完成	5周	头肩顶连续合约			12.21 干 5 933	1.21	5 833	($665)	($1 330)	最近交易日法则
12.17	英镑/美元	现汇汇率	空	1.622 4	-40 000	16 342	16 281	0.5	1.566 8	次要形态完成	9周	头肩顶		第一次完成	12.29 干差别价格	12.30	1.598 7	$938		其他
12.17	豆油	3月合约	空	3 929	0.7	4 080	4 016	0.4	3 743	直觉交易	5周	头肩顶			12.23 干 3 971	12.28	3 971	($176)	($262)	回测失败
12.17	大豆	3月合约	空	1 024	1.0	1 071	1 042	1.0	956	其他	5周	头肩顶			12.21 干 1 041	12.28	1 041	($860)		最近交易日法则
12.21	迷你纳斯达克指数	3月合约	多	1 821	0.3	1 803	1 802	0.3	1 876	次要形态整理	3周	上升三角形				12.28	1 876	$683	$1 365	达到目标
12.29	美元/加元	现汇汇率	空	1.037 8	-40 000	1.044 6	1.045 4	0.5	1.010 6	次要形态完成	9周	下降三角形				12.30	1.045 6	($308)		最近交易日法则
12.31	美元/美元	现汇汇率	空	0.893 9	-120 000	9 012	9 022	1.0	8 486	主要形态完成	11周	头肩顶	为期4个月的矩形	回测		1.4	0.920 4	($1 140)		最近交易日法则
1.4	糖	7月合约	多	2 324	1.0	2 270	2 269	0.6	根据市况而定	主要形态完成	2周	下降楔形			1.8 干 2 297	1.11	2 297	($312)		最近交易日法则

(续)

日期	市场	月份	做多或做空	进场价位	每10万美元资金所下仓位	最近交易日法则	起始止损点	起始分项所占本金比例	目标价位	信号类型	形态时长	日线形态	周线形态	其他	调整止损点日期	出场日期	出场价位	每10万美元下盈/亏	每手净盈/亏	所用出场法则
1.4	玉米	3月合约	多	425.2	1.0	415	414.4	0.6	468	次要形态整理	10周	上升三角形				1.4	414.2	($560)		回踩
1.12	日元/美元	现汇汇率	空	91.69	−30 000	9243	9271	0.4	87.55	次要形态完成形态	5周	上升楔形	主要下跌趋势		1.20千9 207; 2.1千9 101	2.3	91.02	$211		最近交易日法则
1.12	迷你纳斯达克指数	3月合约	空	1 862.25	1.0	1 883.8	1 884.5	0.6	1 831	其他	2周	扩展顶部				1.13	1 884.5	($566)		回测失败
1.13	国债	3月合约	空	116-19	0.5	118-14(12.21)	117-25	0.5	112-02	主要形态完成	17周	双重顶		回测	1.14千107.07	1.15	107-07	($318)	($635)	追踪性止损法则
1.14	玉米	3月合约	空	3 802	0.5	3924	397	0.5	3 310	主要形态完成	12周	对称三角形		突破缺口	2.4千3 702; 2.12千3 664	2.16	3 664	$339	$678	追踪性止损法则
1.15	小麦	3月合约	空	512	0.5	5256	526	0.4	461 和 432	主要形态完成	13周	头肩顶			1.29千5 052; 2.8千4 964	2.10	4 966	$376	$753	达到目标
1.15	欧元/日元	现汇汇率	空	130.74	−30 000.0	132.41	132.51	0.5	127.4	次要形态完成	3周	头肩顶				1.21	127.52	$1 058		最近交易日法则
1.19	标准普尔迷你合约	3月合约	空	1 126.5	1.0	1 137	1 140.25	0.7	根据市况而定	主要形态完成	13周	上升楔形	为期10个月的趋势线		2.2千2 763	1.19	1 140.5	($710)		追踪性止损法则
1.19	糖	5月合约	多	2 716	0.5	2 660	2 654	0.4	根据市况而定	主要形态加仓	2周	旗形				2.3	2 763	$258	$516	迅速结利
1.20	迷你黄金	5月合约	空	117.1	0.5	1143	1 144.4	0.5	1 096	直觉交易	3周	头肩顶	可能的为期3个月的失败头部			1.21	1 096	$343	$686	迅速结利
1.20	迷你黄金	4月合约	空	117.1	0.5	1143	1 125.1	0.1	1 079	直觉交易	3周	头肩顶	可能的为期3个月的失败头部			1.28	1 079	$619	$1 247	管理
1.20	迷你黄金	4月合约	空	1 117.1	0.3	1143	1 133.6	0.3	1 033	主要形态完成	3周	头肩顶	为期3个月的失败头部		1.28千1 125.2; 2.1千1 124.3	2.3	1 124.4	($125)	($251)	迅速结利
1.21	标准普尔迷你合约	3月合约	空	1 125	0.4	1 139.3	1 140.25	0.4	1 086	主要形态完成	3周	头肩顶	为期13周的楔形			1.26	1 086	$970	$1 940	追踪性止损法则

日期	品种	合约	空/多						形态状态	周期	形态	描述						结果
1.21	标准普尔迷你合约	3月合约	空	1 125	0.5	1 139.3	1 140.25	0.4	1 024	主要形态完成	3周	头肩顶	为期13周的楔形		2.4千1 103; 2.12千1 084	2.16	1 084.25	$1 014	$2 028	回测失败
1.21	标准普尔迷你合约	3月合约	空	1 125	0.5	1 139.3	1 140.25	0.4	1 024	主要形态完成	3周	头肩顶	为期13周的楔形		2.5千1 120.5	3.5	1 120.5	$108	$215	追踪性止损法则
1.21	英镑/日元	现汇汇率	空	146.16	−20 000	149.11	148.12	0.6	140.12	主要形态完成	3周	对称三角形	可能的为期4个月的下降三角形		2.1千147.41	2.4	140.22	$1 324		追踪性止损法则
1.26	欧元/日元	现汇汇率	空	126.42	−20 000	128.37	128.47	0.6	116.52	主要形态完成	43周	圆形顶	相同		2.4千126.52; 2.23千125.36; 3.3千122.67	3.5	122.68	$819		追踪性止损法则
1.27	铜	3月合约	空	323.95	0.3	335.7	332.1	0.6	311.60 & 295.05	主要形态完成	3周	牛角形	为期10个月的通道			2.11	311.6	$769	$3 078	达到目标
1.29	英镑/美元	现汇汇率	空	1.606 9	−30 000	1.616 180	1.618 7	0.4	15 828	次要形态整理	1周	旗形	可能的为期9个月的双顶			2.4	1.582 8	$714		达到目标
2.2	豆油	3月合约	多	3 670	0.5	3 600	3 573	0.3	3 838 rev 5.8	直觉交易	43周	对称三角形			1.10千3 694	2.10	3 838	$499	$999	回测失败
2.4	黄金	4月合约	空	1 067.4	1.0	1 111.8	1 087.2	0.7	927	次要完成形态	9周	下降三角形		勉强形态	2.10千1 085.1	2.11	1 085.2	($597)	($1 160)	最近交易日法则
2.5	英镑/美元	现汇汇率	空	1.566 1	−30 000	1.577 6	1.580 6	0.4	1.463	主要形态完成	39周	双重顶				2.17	1.580 6	($445)		回测失败
2.12	原油	4月合约	空	73.95	0.5	75.8	76.225	0.6	58.2	主要形态完成	52周	扇形线	相同			2.16	76.25	($580)		最近交易日法则
2.18	英镑/美元	现汇汇率	空	1.558 3	−40 000	1.568 8	1.570 1	0.6	1.463	主要形态完成	8周	旗形	为期9个月的双顶	圈套	3.16千1.543 9; 3.15千1.506 1	3.30	1.506 2	$2 074		回测失败
2.18	国债	6月合约	空	115-17	0.5	116-10	116-19	0.6	113-17	主要预期性信号	3周	扩展顶部	为期8个月的头肩顶		2.22千116-12	2.23	116-12	($427)	($854)	迅速结利
2.18	黄金	4月合约	多	1 099.7	0.5	1 094	1 089.4	0.2	1 124 rev	次要整理	11周	楔形	为期1周的旗形	突破缺口	2.18千1 096.3	2.19	1 124	$396	$792	回测失败
2.18	黄金	4月合约	多	1 099.7	0.5	1 094	1 089.4	0.2	1 223	次要整理	11周	楔形	9.9头肩底	突破缺口	2.18千1 096.3	2.24	1 096.2	($63)	($126)	最近交易日法则

（续）

日期	市场	月份	做多或做空	进场价位	每10万美元资金所下仓位	最近交易日法则	起始止损点	起始分项所占本金比例	目标价位	信号类型	形态时长	日线形态	周线形态	其他	调整止损点日期	出场日期	出场价位	每10万美元下盈/亏	每手净盈/亏	所用出场法则
2.18	10年期国债	6月合约	空	116-01	0.5	116-14	116-15	0.3	114-24	其他	3周	头肩顶		止损过紧		2.23	116-15	($224)	(448)	其他
2.23	英镑/日元	现汇汇率	空	139.36	−30 000	141.68	141.23	0.8	128.1	主要形态完成	22周	下降三角形			2.26干13 976; 3.11干137.49	3.12	137.62	$565		达到目标
2.23	糖	10月合约	空	2 103	0.5	2 155	2 161	0.4	1 976	次要完成形态	8周	矩形				3.2	1 976	$706	$1 412	最近交易日法则
2.23	铜	5月合约	空	321.4	0.5	334.35	326.7	0.6	280	其他	3周	收变完成形态	回测大型顶部	小时图		2.26	326.8	($680)		最近交易日法则
2.25	豆油	5月合约	多	3 956	2.0	NA	3 898	0.4	4 069	次要形态整理	2周	旗形	可能的为期10个月的三角顶部			2.25	3 897	($728)	($1 360)	最近交易日法则
2.25	标准普尔迷你合约	6月合约	空	1 085	1.0	1 098.3	1 098.5	0.7	根据市况而定	次要完成形态	3周	头肩顶	回测大型顶部			2.26	1 098.5	($685)		最近交易日法则
2.25	迷你道琼斯	3月合约	空	10 234	1.0	10 355	10 367	0.6	根据市况而定	其他	2周	通道	为期3周的通道			3.1	10 368	($680)		达到目标
2.25	欧元/英镑	现汇汇率	多	0.886 1	35 000.0	0.877 3	0.876 9	0.4	9 062	主要预期性信号	17周		为期14个月的头肩底			3.1	0.906 2	$1 045		达到目标
2.26	豆油	5月合约	多	3 954	1.0	3 924	3 906	0.3	4 069	次要形态整理	2周	旗形	可能的为期12个月的上升三角形			3.10	4 069	$680		回跌
3.1	橙汁	5月合约	多	14 485	1.0	14 070	14 045	0.6	158	次要形态整理	9周	对称三角形	相同		3.8干14 360; 3.16干14 475	3.18	14 455	($55)		回测失败
3.2	黄金	4月合约	多	1 133.6	1.0	1 115.1	1 114.8	0.7	1 195	次要完成形态	9周	头肩顶	月线图头肩顶		3.5干1 124.8	3.8	1 124.7	($304)		最近交易日法则

日期	品种	合约	方向	价格		价格1	价格2	比率	数量	主要形态预期性信号	周期	形态	备注	日期/价格					法则
3.3	美元/加元	现汇汇率	空	1.035 2	−500 00	1.044 4	1.045 1	0.5	9 720	主要形态预期性信号	22 周	下降三角形		3.10 于 1.035 1; 3.22 于 1.033 2; 3.25 于 1.030 1			$238		回测失败
3.4	大豆	5月合约	空	938.4	0.5	963	962.4	0.7	899	其他	3 周	头肩顶	可能的为期19周的三角形	3.5 于 950.2	3.8	950.2	($304)	($598)	回测失败
3.12	美元/加元	现汇汇率	空	1.019 8	−70 000	10 322	10 326	0.8	9 720	主要形态预期性信号	22 周	对称三角形	为期20周的三角形	3.22 于 1.025 6	3.24	1.025 6	($406)		回测失败
3.12	原油	5月合约	空	81.35	0.5	83.475	8 295	0.8	7 740	主要形态预期性信号	7 周	上升楔形	可能的楔形线	3.16 于 8 255	3.17	8 255	($305)		最近交易日法则
3.19	澳元/美元	现汇汇率	空	0.925 8	−100 000	9 381	9 326	0.8	根据市况而定	直觉交易	4 周	三角形	可能的三角形		3.19	0.932 7	($688)		直觉性止损法则
3.19	欧元/美元	现汇汇率	空	1.353	−30 000	1.362 7	1.374 1	0.6	1.313 2	改要形态整理	6 周	头肩形失败	5月下降通道	3.27 于 1.343 6	3.29	1.347 4	$158		最近交易日法则
3.22	黄金	6月合约	空	1 096.8	1	1 109.6	1 111.2	0.5	1 052	改要形态	6 周	头肩顶	可能的为期3个月的失败头肩形		3.26	1 111.3	($489)		回测失败
3.24	国债	6月合约	空	117-08	0.5	117-22	117-24	0.3	根据市况而定	主要形态预期性信号	12 周	失败的上升三角形	可能的为期12个月的头肩形	4.11 于 116-01	4.12	116-02	$589	$1 178	最近交易日法则
3.24	英镑/美元	现汇汇率	空	1.491 6	−40 000	150 49	15 061	0.3	1.441	主要形态加速	4 周	旗形			3.30	1.506 2	($594)		日法则
3.25	小麦	5月合约	空	470.4	0.5	478.2	479	0.3		改要形态整理	新低	新低			4.7	479	($218)		回测失败
3.25	玉米	5月合约	空	358.2	1.0	366.4	367	0.3		改要形态整理	新低	新低		4.8 于 360.2	4.14	3 604	($123)	($435)	迅速结利
3.29	美元/加元	现汇汇率	空	1.019 2	−30 000	1.027 3	1.028 7	0.5	9 720	其他	22 周	对称三角形	第一次完成	截至4月20日还未平仓	4.20	0.998 4	$615		最近交易日法则
3.31	澳元/加元	现汇汇率	空	0.933 2	−30 000	0.938 2	0.9 402	0.2	0.881 2	主要形态预期性信号	14 周	对称三角形	相同	4.5 于 9 327	4.7	0.932 7	$5		最近交易日小时法则

(续)

日期	市场	月份	做多或做空	进场价位	每10万美元资金所下仓位	最近交易日法则	起始止损点	起始分项所占本金比例	目标价位	信号类型	形态时长	日线形态	周线形态	其他	调整止损点日期	出场日期	出场价位	每10万美元下盈/亏	每手净盈/亏	所用出场法则
3.31	大豆	11月合约	空	906.4	0.5	930	931.4	0.6	875/857	次要完成形态	8周	对称三角形	相同		3.31于916.4	3.31	916.4	($255)	($510)	回测失败
4.1	黄金	6月合约	多	1 126.2	0.5	1 112.1	1 110.8	0.4	根据市况而定	主要形态预期其他的头肩底信号	4周	通道	可能为期4个月的头肩底		4.7于1 131.8; 4.12于1 141.9	4.16	1 141.3	$477	$954	最近交易日法则
4.5	澳元/加元	现汇汇率	空	0.923 8	−100 000	9 320	9 311	0.8	8 862	主要形态完成	15周	对称三角形	相同			4.7	0.931 2	($745)		回测失败
4.5	欧元/英镑	现汇汇率	多	0.884 4	25 000	8 814	0.881 2	0.2	9 124	其他	22周	达到目标	相同	回测		4.6	0.881 2	($131)		最近交易日法则
4.7	黄金	6月合约	多	1 151.1	1	1 133.1	1 131.8	0.7	1 230	主要形态完成	17周	达到目标	相同			4.16	1 131.4	($660)		最近交易日法则
4.7	欧元/日元	现汇汇率	空	124.61	−20 000	126.16	126.31	0.5	112.27	主要形态完成	43周	圆形顶	相同	第二次完成	4.9于125.41	4.9	125.41	($182)		最近交易日法则
4.9	澳元/加元	现汇汇率	多	0.936 1	20 000.0	9 282	9 279	0.3	0.960 8	次要完成形态	15周	对称三角形	相同	可能的扁形线	4.11于9 319	4.12	0.931 9	($94)		迅速结利
4.15	大豆	11月合约	多	953	0.5	9 414	940.6	0.4	998	次要完成形态	10周	上升三角形	相同		截至4月20日尚未平仓	4.20	963.2	$256	$513	

			出场日期	出场价位	每10万美元下盈/亏
分批出场策略			合计	月份	$5 386
				12月	$1 413
				1月	$6 330
				2月	$857
				3月	($2 135)
				4月	$256

过去的业绩不代表未来的结果

请阅读作情"注释"中的阐述。

交易进场月份

注：1. 每10万美元交易本金。
2. 外汇交易以货币对中左侧的货币为计量单位。
3. 有些要分批进场。
4. 截至2010年4月20日。

| 附录 B |

要素交易计划信号二

以下表格为本书图表速查指南。表格中列出了"要素交易计划"所使用的古典制表原则的各类要素、交易信号和交易管理技术，以及从书中何处可以找到它们。

表 B-1 列出了本书中以古典制表形态所绘制的图表。

表 B-2 列出了本书中根据信号产生的类别和适用的交易管理策略所绘制的图表。

表 B-1　走势图的形态

图形	市场	楔形	对称三角形	旗形	趋势线	通道	钻石形态	头肩形	下降三角形	双重顶底	扩展形态或鱼钩	圆弧顶	矩形	三角旗形	牛角形	多/空头陷阱	二次完成	虚假/过早突破
2-2	瑞士法郎	■																
3-2	英镑/美元																	■
3-3	英镑/美元																	
3-4	珀金																	
3-5	糖	■							■								■	■
3-6	糖		■						■									
3-7	可可							■								■	■	
3-8	DAX指数								■								■	
3-9	标准普尔指数												■					■
3-10	黄金					■												
3-11	欧元/美元															■	■	■
3-12	黄金																	■
3-13	原油									■								
3-14	白银									■							■	■
3-15	标准普尔指数																	
3-16	稻米																■	■
3-17	美元/加元																	
3-18	大豆																	
3-19	糖																	
3-20	英镑/美元										■							
3-21	澳元/美元				■									■				
3-22	澳元/美元			■														

								周末法则	周末法则	强劲走势	强劲走势
3-23	道琼斯工业指数										
3-24	英镑/美元								■			
3-25	糖		■							■		
3-26	糖		■							■		
3-27	豆油										■	
3-28	黄金										■	
3-29	美元/日元											■
4-1	铜					■						
4-2	澳元/美元		■									
4-3	豆油		■									
4-4	豆油		■									
4-5	糖											
4-6	美元/加元				■							
4-7	白银				■							
4-8	罗素1000指数											
4-9	堪萨斯小麦											
4-10	堪萨斯小麦			■								
4-11	原油											
4-12	道琼斯公用事业指数		■									
4-13	欧元/美元		■									
4-14	欧元/美元		■									
4-15	欧元/美元						■					
4-16	英镑/日元						■					
4-17	英镑/日元			■								
4-18	澳元/日元											
4-19	澳元/日元											
4-20	英镑/瑞士法郎		■									
4-21	糖											
4-22	糖	■										

(续)

图形	市场	倾斜								水平						其他		
		楔形	对称三角形	旗形	趋势线	通道	钻石形态	头肩形	下降三角形	双重顶/底	扩展形态或鱼钩	圆弧顶	矩形	三角旗形	牛角形	多/空头陷阱	二次完成	虚假/过早突破
4-23	苹果电脑																	
4-24	黄金																	
4-25	黄金							■										
4-26	铜					■								■				
4-27	美元/加元							■									■	■
4-28	美元/加元												■					
4-29	道琼斯运输指数														■			
4-30	布伦特原油								■									
4-31	标准普尔500指数									■								
5-2	英镑/美元							■										
5-3	英镑/美元				■				■									
5-4	英镑/美元							■						■				
5-5	英镑/美元					多个交易												
6-1	道琼斯工业指数							■								■		■
6-2	道琼斯工业指数							■										
6-3	黄金		■															
6-4	黄金							□										■
6-5	黄金																	
6-6	黄金							■										
6-7	黄金																	■
6-8	黄金							■										
6-9	黄金																	
6-10	黄金																	■

附录B 要素交易计划信号二

编号	品种	标注
6-11	黄金	
6-12	黄金	
6-13	黄金	
6-14	黄金	
6-15	糖	
6-16	糖	新高
6-17	糖	
6-18	糖	
6-19	糖	
6-20	糖	冲动购买
6-21	糖	
6-22	糖	
6-23	糖	
6-24	糖	多个交易
8-1	欧元/美元	
8-2	欧元/美元	
8-3	英镑/美元	
8-4	英镑/美元	
8-5	英镑/美元	
8-6	英镑/美元	圈套
8-7	英镑/美元	圈套
8-8	糖	圈套
8-9	棉花	
8-10	豆油	
8-11	豆油	
8-12	澳元/美元	
8-13	DAX指数	
8-14	大豆	
8-15	纳斯达克指数	
8-16	加元/美元	

图形	市场	倾斜								水平						其他		
		楔形	对称三角形	旗形	趋势线	通道	钻石形态	头肩形	下降三角形	双重顶/底	扩展形态或鱼钩	圆弧顶	矩形	三角旗形	牛角形	多/空头陷阱	二次完成	虚假/过早突破
9-1	英镑/美元	■																
9-2	标准普尔指数									■								
9-3	美国长期国债					■												
9-4	美国长期国债					■												
9-5	黄金							■										
9-6	糖							■										
9-7	道琼斯工业指数		■															
9-8	糖								■	■		■						
9-9	玉米								■								■	■
9-10	玉米																	
9-11	玉米																	
9-12	美元/日元								■									
9-13	美元/日元							■					■					■
9-14	纳斯达克指数							■										
9-15	美国长期国债							■										
9-16	玉米								■									
9-17	小麦			■														
9-18	英镑/日元				■													
9-19	英镑/日元																	■
9-20	标准普尔500指数			■														
9-21	糖												■					
9-22	黄金																	
9-23	黄金															■		■

日期	品种													
9-24	黄金	■												
9-25	黄金													
9-26	黄金	■												
9-27	英镑/日元				■									
9-28	铜													
9-29	英镑/美元													
9-30	英镑/美元					圈套								
10-2	英镑/美元													
10-3	英镑/美元					圈套								
10-4	英镑/美元													
10-5	原油					扇形线								
10-6	原油													
10-7	原油													
10-8	美国长期国债													
10-9	美国长期国债													
10-10	英镑/日元													
10-11	糖													
10-12	糖													
10-13	豆油													
10-14	豆油													
10-15	豆油													
10-16	标准普尔500指数													
10-17	道琼斯工业指数													
10-18	欧元/英镑													
10-19	欧元/英镑													
11-1	美元/加元													
11-2	美元/加元													
11-3	大豆													
11-4	原油													
11-5	澳元/加元													

（续）

图形	市场	倾斜					水平									其他		
		楔形	对称三角形	旗形	趋势线	通道	钻石形态	头肩形	下降三角形	双重顶/底	扩展形态或鱼钩	圆弧顶	矩形	三角旗形	牛角形	多/空头陷阱	二次完成	虚假/过早突破
11-6	澳元/加元																	■
11-7	欧元/美元		■	■				■										
11-8	欧元/美元							■										
11-9	美国长期国债				■													
11-10	小麦																	
11-11	玉米		■	■					■									
11-12	大豆								■							■		
11-13	铜																	■
11-14	橙汁																	
12-1	黄金						■	■										
12-2	黄金		■															
12-3	欧元/英镑		■									■						
12-4	欧元/日元							■								回测		
12-5	欧元/日元		■					■										
12-6	大豆		■															
12-7	大豆							■										
12-8	道琼斯工业指数							■										
12-9	道琼斯工业指数							■										
12-10	美国长期国债							■										
12-11	美国长期国债																	
12-12	美国长期国债							■										
12-13	糖											■						

附录B | 要素交易计划信号二

编号	品种
14-1	澳元/美元
14-2	澳元/美元
14-3/4	欧元/瑞士法郎
14-5/6	欧元/美元
14-7/8	英镑/美元
14-9/10	新西兰元/美元
14-11/12	美元/加元
14-13/14	标准普尔500指数
14-15	糖
14-16	糖
14-17/19	黄金
14-19	铜
14-20	原油
14-21	原油
PS-1	道琼斯工业指数
PS-2	澳元/加元 (回测)

表 B-2　信号类型与交易管理技巧

图形	市场	信号形态							主要趋势线			
		主要形态			次要形态		直觉交易	其他	最近交易日法则	回测失败	追踪性止损法则	目标价位	其他
		完成	预期	加仓	连续	反转							
2-2	瑞士法郎	■										■	
3-2	英镑/美元	■										■	
3-3	英镑/美元	■										■	
3-4	珀金	■											
3-5	糖								■				
3-6	糖								■				
3-7	可可	■											
3-8	DAX 指数	■											
3-9	标准普尔指数	■											
3-10	黄金	■										■	
3-11	欧元/美元	■											
3-12	黄金					■							
3-13	原油	■											
3-14	白银				■								
3-15	标准普尔指数	■											■
3-16	稻米	■											
3-17	美元/加元	■									■		
3-18	大豆	■											
3-19	糖	■											
3-20	英镑/美元	■											
3-21	澳元/美元			■	■								
3-22	澳元/美元			■									
3-23	道琼斯工业指数	■											
3-24	英镑/美元	■								■			
3-25	糖	■											
3-26	糖	■											
3-27	豆油	■											
3-28	黄金												

（续）

图形	市场	信号形态							主要趋势线				
		主要形态			次要形态		直觉交易	其他	最近交易日法则	回测失败	追踪性止损法则	目标价位	其他
		完成	预期	加仓	连续	反转							
3-29	美元/日元	■											
4-1	铜	■							■				
4-2	澳元/美元	■											
4-3	豆油	■		■									
4-4	豆油	■											
4-5	糖	■											
4-6	美元/加元	■		■									
4-7	白银	■							■				
4-8	罗素1000指数				■							■	
4-9	堪萨斯小麦	■											
4-10	堪萨斯小麦	■											
4-11	原油	■		■									
4-12	道琼斯公用事业指数	■											
4-13	欧元/美元	■											
4-14	欧元/美元	■											
4-15	欧元/美元	■			■								
4-16	英镑/日元	■			■								
4-17	英镑/日元	■			■								
4-18	澳元/日元	■										■	
4-19	澳元/日元	■										■	
4-20	英镑/瑞士法郎	■			■				■				
4-21	糖	■											
4-22	糖	■											
4-23	苹果电脑	■										■	
4-24	黄金	■											
4-25	黄金	■			■								
4-26	铜	■											
4-27	美元/加元	■							■				

（续）

图形	市场	信号形态							主要趋势线				
		主要形态			次要形态		直觉交易	其他	最近交易日法则	回测失败	追踪性止损法则	目标价位	其他
		完成	预期	加仓	连续	反转							
4-28	美元/加元	■							■			■	
4-29	道琼斯运输指数	■											
4-30	布伦特原油	■											
4-31	标准普尔500指数												
5-2	英镑/美元												
5-3	英镑/美元	■	■										
5-4	英镑/美元				■	■							■
5-5	英镑/美元					■							
6-1	道琼斯工业指数				■								
6-2	道琼斯工业指数					■							
6-3	黄金												
6-4	黄金	■											
6-5	黄金										■		
6-6	黄金				■								
6-7	黄金								■				
6-8	黄金					■							
6-9	黄金				■								
6-10	黄金	■			■								
6-11	黄金			■									
6-12	黄金				■							■	
6-13	黄金					■							
6-14	黄金											■	
6-15	糖												
6-16	糖	多个交易											
6-17	糖	■				■			■				
6-18	糖					■							
6-19	糖	■											
6-20	糖	■											

（续）

图形	市场	信号形态					直觉交易	其他	主要趋势线				其他
		主要形态			次要形态				最近交易日法则	回测失败	追踪性止损法则	目标价位	
		完成	预期	加仓	连续	反转							
6-21	糖	■		■								■	
6-22	糖				■								
6-23	糖							■					
6-24	糖	■											
8-1	欧元/美元	主要趋势线											
8-2	欧元/美元	■											■
8-3	英镑/美元			■	■								
8-6	英镑/美元											■	■
8-7	英镑/美元	■											■
8-8	糖	■											
8-9	棉花							■	■				
8-10	豆油	■								■		■	
8-11	豆油					■					■		
8-12	澳元/美元	■							■				■
8-13	DAX 指数								■				
8-14	大豆							■		■			
8-15	纳斯达克指数				■							■	
8-16	加元/美元				■								
9-1	英镑/美元	双重顶案例											
9-2	标准普尔指数	通道案例											
9-3	美国长期国债	通道案例											
9-4	美国长期国债	头肩顶案例											
9-5	美国长期国债	头肩顶案例											
9-6	黄金	■											
9-7	糖	为期多年的底部案例											
9-8	道琼斯工业指数	可能的头肩顶											
9-9	糖									■			
9-10	玉米				■					■			

（续）

图形	市场	信号形态							主要趋势线				
		主要形态			次要形态		直觉交易	其他	最近交易日法则	回测失败	追踪性止损法则	目标价位	其他
		完成	预期	加仓	连续	反转							
9-11	玉米												
9-12	美元/日元	为期数十年的三角形											
9-13	美元/日元					■							■
9-14	纳斯达克指数							■					
9-15	美国长期国债	■								■			
9-16	玉米											■	
9-17	小麦										■		
9-18	英镑/日元									■			
9-19	英镑/日元											■	
9-20	标准普尔500指数	■											
9-21	糖			■									■
9-22	黄金						■						
9-23	黄金					■			■				
9-24	黄金								■				
9-25	黄金						■						
9-26	黄金								■				
9-27	黄金										■		
9-28	英镑/日元											■	
9-29	铜					■					■		
9-30	英镑/美元			■							■		
10-2	英镑/美元								■				
10-3	英镑/美元								■		■		
10-4	英镑/美元					■					■		
10-5	原油												
10-6	原油	可能的头肩顶											
10-7	原油										■		
10-8	美国长期国债				■								
10-9	美国长期国债								■				

（续）

图形	市场	信号形态							主要趋势线				
		主要形态			次要形态		直觉交易	其他	最近交易日法则	回测失败	追踪性止损法则	目标价位	其他
		完成	预期	加仓	连续	反转							
10-10	英镑/日元	■									■		
10-11	糖					■							
10-12	糖	上升三角形											
10-13	豆油									■			
10-14	豆油				■				■				
10-15	豆油				■								
10-16	标准普尔500指数					■						■	
10-17	道琼斯工业指数					■							
10-18	欧元/英镑											■	
10-19	欧元/英镑								■				
11-1	美元/加元									■			
11-2	美元/加元	■									■		
11-3	大豆						■						
11-4	原油						■						
11-5	澳元/加元					■							
11-6	澳元/加元						■						
11-7	欧元/美元				■							■	
11-8	欧元/美元				■								
11-9	美国长期国债	■										■	
11-10	小麦					■			■				
11-11	玉米				■								
11-12	大豆					■							
11-13	铜	错失的交易											
11-14	橙汁				■						■		
12-1	黄金					■							
12-2	黄金	■							■				
12-3	欧元/英镑						■						
12-4	欧元/日元												

(续)

图形	市场	信号形态							主要趋势线				
		主要形态			次要形态		直觉交易	其他	最近交易日法则	回测失败	追踪性止损法则	目标价位	其他
		完成	预期	加仓	连续	反转							
12-5	欧元/日元											■	
12-6	大豆					■							
12-7	大豆	■											
12-8	道琼斯工业指数	信号暂停							暂停				
12-9	道琼斯工业指数	信号暂停							暂停				
12-10	美国长期国债	信号暂停							暂停				
12-11	美国长期国债	信号暂停											
12-12	美国长期国债												
12-13	糖								暂停				
14-1	澳元/美元											■	
14-2	澳元/美元											■	
14-3/4	欧元/瑞士法郎	■											
14-5/6	欧元/美元	■											
14-7/8	英镑/美元	■											
14-9/10	新西兰元/美元	■											
14-11/12	美元/加元	■											
14-13/14	标准普尔500指数	■											
14-15	糖	■											
14-16	糖	■											
14-17/18	黄金	■											
14-19	铜				■								
14-20	原油	■											
14-21	原油	■											
PS-1	道琼斯工业指数					■							
PS-2	澳元/加元	■											

|附录 C|
推荐参考资料

Barrie, Scott, *The Complete Idiot's Guide to Options and Futures*, 2nd ed. New York: Alpha Books, Penguin Group (USA), 2006.

Brandt, Peter L. (With Bruce Babcock), *Trading Commodity Futures with Classical Chart Patterns*. Sacramento, CA: Commodity Traders Consumer Reports, 1990.

Chicago Board of Trade, *Commodity Trading Manual*. New York: AMACOM, 1999.

Edwards, Robert D., and John Magee, *Technical Analysis of Stock Trends*, 8th ed. Boca Raton, FL: CRC Press, 2001. [*Note:* The author uses the fifth edition of this book for personal use.]

Elder, Alexander. *Trading for a Living: Psychology, Trading Tactics, Money Management.* New York: John Wiley & Sons, 1993.

Kiev, Ari, *The Mental Strategies of Top Traders: The Psychological Determinants of Trading Success.* Hoboken, NJ: John Wiley & Sons, 2009.

Kiev, Ari, *Hedge Fund Masters: How Top Hedge Fund Traders Set Goals, Overcome Barriers, and Achieve Peak Performance.* Hoboken, NJ: John Wiley & Sons, 2005.

Lewis, Michael. *Liar's Poker: Rising Through the Wreckage on Wall Street.* New York: W.W. Norton & Company, 1989.

Lewis, Michael. *The Big Short: Inside the Doomsday Machine.* New York: W.W. Norton & Company, 2010.

Murphy, John, *Technical Analysis of the Financial Markets*. New York Institute of Finance, Prentice Hall Direct, 1999.

National Futures Association, *Opportunity and Risk, An Educational Guide to Trading Futures*, 2006, PDF download at www.nfa.futures.org/NFA-investor-information/publication-library/opportunity-and-risk-entire.pdf.

Schabacker, Richard W., *Technical Analysis and Stock Market Profits: The Real Bible of Technical Analysis*. Hampshire, UK: Harriman House, 1998.

Schwager, Jack D., *Market Wizards: Interviews with Top Traders*. Columbia, MD: Marketplace Books, 2006.

Schwager, Jack D., *New Market Wizards: Conversations with America's Top Traders*. New York: John Wiley & Sons, 1992.

Schwager, Jack D., *Market Wizards*. New York: HarperBusiness, 1993.

Teweles, Richard J., and Frank J. Jones, *The Futures Game: Who Wins, Who Loses, & Why*. New York: McGraw-Hill, 1999.

除了前述极有价值的参考书之外，我另外推荐一些网络服务交易平台、报价机构、图形服务与其他研究资料。

FactorTrading.com：这是 Factor LLC 的官方网站。这个网站尝试针对商品与外汇市场，提供最经典的价格形态案例，偶尔也会论及股票走势。

Mercenarytrader.com：这是由几位专业投机客（运用假名）经营的网站，针对交易市场与经济状况提供很不错的总体分析，观点不同于传统见解，相当值得参考。

Trade Navigator：由 Genesis Financial Technology 公司（科罗拉多斯普林斯）开发。对于盈利来说，这是现存最好的、对用户最友好的报价及制图平台。实际交易可以通过从该平台上选定期货经纪商来进行。在该平台上，用户可以随时获得非常强大的即时支持。

Commodity Research Bureau：Commodity Research Bureau（CRB）的产品和服务在我作为交易者成长的道路上一直陪伴着我。CRB 用其出色的资源为期货行业提供服务已经超过 70 年了。CRBtrader.com 提供了大量有价值的市场研究以及报价、制图功能。

Barchart.com：这是一个具有报价、制图功能的免费网站。在我还没有自己的电脑时，我就通过这个网站继续研究制图。我每周打印市场的图表，我用 Barchart.com 上的"经典类型图表"（Classic Style Chart）功能密切关注着它。在接下来这一周，我一直使用这份图表。

| 注　　释 |

本书属于教育研究性质的著作：不论现在还是未来，都完全没有试图推销任何产品或 Factor LLC 服务的意思。

本书列示的月份绩效，并不代表任何特定账户的交易活动，而属于综合性的资料，包括：

- Factor LLC 管理的免税基金。
- 自有账户的交易。

根据"要素交易计划"运用之法则的交易信号管理。

由于不涉及特定账户，绩效能够充分反映本书第三篇列示的信号与交易，绩效资料也应该被视为假设性质，第三篇交易日志显示的绩效，能够充分反映 Factor LLC 管理基金的实际操作表现。过去绩效未必能够代表未来结果。

1981 年 10 月～ 1995 年 4 月，自有账户由 Factor LLC 负责交易；1981 年 10 月～ 1991 年 3 月，自有资金账户是由 Factor LLC 根据本书谈论之交易规划或较早期规划进行交易的（见表 AN-1）。

表 AN-1　Factor LLC 绩效（1981 年 10 月～2008 年 9 月）

自有账户实际绩效摘要（3 倍杠杆计划）

年份月份	1981	1982	1983	1984	1985	1986	1987	1988	1989	1990	1991	1992	1993	1994	1995	2007	2008
1月	—	-18.74%	71.18%	-12.62%	3.32%	14.59%	122.98%	-3.41%	8.79%	-1.20%	-11.05%	-2.55%	-1.62%	-1.24%	0.00%	-1.25%	14.05%
2月	—	2.71%	2.43%	-4.77%	74.99%	29.54%	43.48%	-7.22%	-9.91%	-8.20%	-2.23%	0.89%	2.29%	-0.78%	-0.66%	-7.86%	24.59%
3月	—	-7.11%	-7.08%	15.37%	-2.06%	65.64%	32.31%	-5.79%	31.26%	19.03%	-1.22%	-2.66%	-1.91%	0.24%	-0.73%	-11.76%	-5.95%
4月	—	12.27%	-0.49%	0.47%	-14.07%	-20.57%	9.25%	-3.07%	-11.58%	-2.41%	-1.50%	0.50%	3.95%	-3.59%	2.91%	1.41%	-9.53%
5月	—	44.08%	6.96%	7.00%	16.17%	-7.39%	3.60%	11.10%	38.89%	-4.67%	-1.58%	-0.93%	0.51%	-2.70%	—	3.00%	-5.36%
6月	—	32.65%	-5.88%	19.37%	-18.69%	1.02%	11.65%	23.90%	2.26%	14.50%	6.44%	1.90%	-0.46%	-3.14%	—	7.64%	13.31%
7月	—	-26.33%	16.75%	29.72%	40.30%	-8.82%	16.04%	-3.65%	4.84%	2.35%	22.00%	-0.07%	-1.58%	0.80%	—	-9.48%	-4.61%
8月	—	6.64%	24.08%	10.85%	-11.87%	34.56%	27.55%	3.06%	1.73%	17.92%	-1.10%	0.68%	-0.04%	-1.00%	—	-1.30%	14.21%
9月	—	-4.07%	12.33%	-1.34%	9.21%	-3.72%	-12.27%	-7.92%	5.64%	51.85%	-1.41%	4.31%	0.07%	0.53%	—	62.94%	12.18%
10月	4.34%	9.09%	-1.06%	-11.54%	3.06%	0.14%	-2.69%	4.66%	-4.56%	-16.25%	2.27%	-3.19%	0.11%	5.06%	—	15.37%	—
11月	21.77%	106.46%	12.37%	6.19%	39.14%	1.65%	-0.45%	-10.22%	2.90%	-8.81%	4.64%	-1.51%	-0.01%	-1.72%	—	-1.37%	—
12月	-14.50%	8.90%	-1.73%	6.78%	15.18%	3.20%	4.73%	-1.58%	5.28%	-0.55%	6.86%	2.44%	-0.14%	-0.89%	1.49%	30.48%	—
年	8.64%	207.48%	190.20%	75.29%	220.57%	126.70%	604.67%	-4.74%	88.22%	60.06%	-0.95%	-5.21%	1.04%	-8.36%	1.49%	95.12%	58.84%
最糟回撤	-14.50%	-26.33%	-7.54%	-16.79%	-18.69%	-32.26%	-15.02%	-18.16%	-11.58%	-24.06%	-16.73%	-6.98%	-2.07%	-10.93%	-1.39%	-19.71%	-19.47%

过去的绩效不能代表未来的结果

这段时间内，该账户偶尔会采用名义资金进行交易。采用名义资金的交易结果也包含在绩效计算之中。绩效资料是根据商品期货交易委员会（CFTC）指定的加值月份指数计算的。这份资料没有经过商品期货交易委员会或国家期货协会（NFA）的审核。

1991年4月～1995年4月，我授权另一位交易者负责管理我的自有资金账户。可是这段时间内，我经常拟订交易决策，所以相关交易结果也纳入绩效资料。可是，这段时间的回撤数据，并没有被纳入讨论Factor LLC回撤期间和幅度的表9-1。1995年4月至2006年年底，我脱离金融交易市场，从事其他非营利的政治和社会活动。2007年1月，我采用本书讨论的计划，重新交易自有资金账户。2008年9月，我由自有交易账户撤出资金，账户规模不再适合采用本书建议的交易计划。可是，2009年，我仍然通过自有资金账户进行操作，结果还算顺利。

1981～2008年的自有资金账户操作，绩效计算所采用的杠杆，是目前Factor LLC采用的3倍。

期权投资策略

书名	作者	ISBN	价格
散户的优势：期权场内交易策略	（美）丹·帕萨雷里	978-7-111-73544-1	79.00元
期权交易仓位管理高级指南	（美）尤安·辛克莱	978-7-111-72619-7	79.00元
期权投资策略（原书第5版）	（美）劳伦斯 G. 麦克米伦	978-7-111-48856-9	169.00元
期权波动率与定价：高级交易策略与技巧（原书第2版）	（美）谢尔登·纳坦恩伯格	978-7-111-58966-2	128.00元
麦克米伦谈期权（原书第2版）	（美）劳伦斯 G. 麦克米伦	978-7-111-58428-5	120.00元
波动率交易：期权量化交易员指南（原书第2版）	（美）尤安·辛克莱	978-7-111-56517-8	69.00元
期权波动率交易策略	（美）谢尔登·纳坦恩伯格	978-7-111-48463-9	45.00元
高胜率期权交易心法	蒋瑞	978-7-111-67418-4	49.00元
期权入门与精通（原书第2版）：投机获利与风险管理	（美）W. 爱德华·奥姆斯特德	978-7-111-44059-8	49.00元
走进期权（原书第2版）	（美）迈克尔·辛西尔	978-7-111-50652-2	59.00元
商品交易之王	（美）凯特.凯利	978-7-111-50753-6	59.00元
奇异期权	张光平	978-7-111-47165-3	200.00元
期权交易实战一本精	陈松男	978-7-111-51704-7	59.00元